VIVRE
AVEC LA SOUFFRANCE

Collection
VIE, SANTÉ ET VALEURS

La réflexion sur la vie et la mort, la santé et la maladie implique qu'on le veuille ou non, des choix de valeurs importants d'ordre éthique, philosophique ou religieux. Cette collection veut rassembler des ouvrages qui permettent de réfléchir sur ces implications, que ce soit au plan des choix de société, de l'organisation des institutions, de l'intervention des professionnels ou de la responsabilité personnelle. Elle veut s'adresser à un large public et contribuer aux débats actuels sur ces questions.

VIE, SANTÉ ET VALEURS

VIVRE AVEC LA SOUFFRANCE

Repères théologiques

GUY DURAND
et
JEAN-FRANÇOIS MALHERBE

FIDES

Données de catalogage avant publication (Canada)
Durand, Guy, 1933-
Vivre avec la souffrance: repères théologiques
(Collection Vie, santé, valeurs; 7)
Comprend des réf. bibliographiques

ISBN 2-7621-1625-2

1. Souffrance – Aspects religieux – Église catholique.
I. Malherbe, Jean-François, 1950- .
II. Titre.
III. Collection.
BT732.7.D87 1992 231'.8 C92-097276-4

Dépôt légal: quatrième trimestre 1992
Bibliothèque nationale du Québec.

AVANT-PROPOS

La souffrance peut tenir son origine de bien des sources. Pensons, par exemple, à la violence qu'autrui peut exercer à notre égard aujourd'hui ou au travers des cicatrices de blessures anciennes. La violence physique peut s'exprimer, par exemple, dans la torture; la violence affective dans le chantage; la violence symbolique, dans le mensonge. Mais la souffrance procède également de l'usure de notre organisme qui, comme tout être organisé, subit les effets de la loi de la dégradation de l'énergie en quoi consiste le vieillissement normal de nos corps. S'user, vieillir, mourir, tout cela fait souffrir.

Mais on peut encore souffrir d'une crise de rhumatisme, d'une crise de goutte, d'une déchirure musculaire, de lithiase biliaire. Et peut-être davantage encore de la perte d'une illusion, de l'absence d'un idéal ou d'un paysage sans horizon. Il y a même des «trous de mémoire», des malentendus et des actes manqués qui font très mal. Il y a encore les bouleversements de notre environnement qui peuvent être causes de souffrance: les épidémies, les tremblements de terre, les inondations, les sécheresses, les émeutes, les guerres, les crimes.

Toutes ces souffrances viennent tarauder nos personnalités. Et un peu de réflexion nous fait percevoir aisément que toute existence humaine est liée à la souffrance. Il n'y a pas d'existence humaine sans souffrance. Nos sociétés d'aujourd'hui ont développé de façon très déterminée une approche particulière pour vaincre la souffrance, que nous appelons la médecine. Selon l'idée que l'on s'en fait le plus couramment, la médecine a pour but de vaincre, de supprimer, d'extirper la souffrance de nos existences. Mais la pratique de la médecine envisage la souffrance sous une forme très particulière qui est celle de la douleur. Or il ne s'agit manifestement pas de la même réalité.

La douleur semble une forme réduite de la souffrance. Non pas au sens où la douleur réduirait la souffrance, mais au sens où la suppression éventuelle de la douleur ne supprime pas nécessairement la souffrance. La souffrance est existentielle et la douleur physique. Peut-être est-il permis de dire: la souffrance est au corps que nous sommes ce que la douleur est au corps que nous avons? Nous sommes un corps auquel nous nous identifions et, en même temps, nous ne nous identifions pas totalement à notre corps, au corps que nous avons. Notre corps est une réalité plus ou moins docile aux injonctions de notre volonté. Notre corps, même s'il n'est pas réductible à cet aspect, comporte une dimension instrumentale. Dans cette mesure, il apparaît comme une mécanique. Le corps que nous sommes, c'est nous. Le corps que nous avons, qui sert de support matériel au corps que nous sommes, c'est une machine cybernétique, c'est-à-dire une machine complexe caractérisée notamment par de multiples circuits d'information interne en forme de boucle de rétroaction.

La question de la souffrance est donc plus large que celle de la douleur. Et elle rejoint la question de l'origine et de la nature du mal dans le monde. Pourquoi la souffrance? Pour qui? Comment concilier sa présence avec l'existence d'un Dieu bon et tout-puissant? Comment se comporter face à elle?

Questions complexes, questions éternelles. Questions philosophiques et questions existentielles. Elles ont marqué la vie de Jésus: lutte contre la souffrance des autres, expérience personnelle de la souffrance, laquelle culmine dans son cri sur la croix: «Mon Dieu, pourquoi m'as-tu abandonné», autrement dit: pourquoi n'es-tu pas intervenu pour me délivrer? Ces questions concernent aussi nos vies privées comme nos vies professionnelles: comment nous situer face à la souffrance qui nous atteint personnellement, comment nous situer face à la souffrance des autres en tant que médecin, infirmière, psychologue, éducateur, agent de pastorale, etc.?

*

* *

Pour aider la réflexion sur ce sujet, voici deux essais théologiques, maintes fois «remis sur le métier», soit dans des écrits, soit sous forme de conférences, au Québec ou en Belgique.

Les deux auteurs travaillent en dialogue depuis plusieurs années sur des sujets de bioéthique et de théologie. Ils traitent ici du même thème. Leur perspective cependant est différente.

Guy Durand se place d'emblée dans le champ de la pensée catholique et en recense les principaux concepts dans la problématique de la souffrance: châtiment, épreuve-remède, bénédiction, etc. Il confronte ensuite cette doctrine classique à l'expérience humaine de la souffrance et à l'ensemble de la tradition chrétienne. Il opère ainsi un discernement entre les éléments essentiels de la foi et les interprétations qui risquent de les dénaturer. Son analyse le conduit à préciser, surtout à l'intention des personnes qui fréquentent chaque jour des souffrants, les conditions d'un «vivre avec la souffrance» à la fois valide au plan professionnel et licite au plan ethique.

L'interrrogation de Jean-François Malherbe se développe en trois grandes étapes. La première est philosophoqie et repère dans la pensée occidentale trois difficultés majeures face à la souffrance. La seconde est théologique: il s'agit de s'interroger sur l'étrange contradiction qui oppose le Dieu des catéchismes au Père aimant auquel toute la prédication de Jésus rend hommage. La troisième est anthropologique et fait apparaître que la sollicitude à laquelle nous invite Jésus et qu'il pratiquait lui-même, permet de surmonter les difficultés philosophiques susmentionnées et constitue la marque de ceux et celles qui, loin d'en dénier l'impact dans leur vie personnelle, vivent avec la souffrance.

Chaque essai est complet à sa façon. Les deux textes comportent des recoupements qui ont été conservés pour respecter la logique de chaque présentation. Malgré des divergences de détails, que l'on n'a pas cherché à dissimuler, les deux essais présentent des convergences profondes de pensée et d'attitude, l'un approfondissant ici ou là ce que l'autre évoque. On peut commencer la lecture par l'un ou l'autre de ces textes.

Les auteurs

PREMIÈRE PARTIE

LE SENS CHRÉTIEN DE LA SOUFFRANCE

par Guy Durand

INTRODUCTION

Depuis la nuit des temps, la vie des êtres humains est marquée par l'expérience de la souffrance. Le monde de la santé est particulièrement confronté à cette réalité: le développement des technologies biomédicales n'a supprimé ni le fait, ni le besoin de réflexion[1]. L'expérience chrétienne ne fait pas exception à ce fait universel: le pape Jean-Paul II a publié une lettre pour éclairer le sujet[2].

J'entends le mot souffrance au sens large, allant de la douleur physique jusqu'au mal-être existentiel, en passant par toute la gamme des détresses et misères morales et psychologiques. Ce thème confine donc à celui de l'origine et de la nature du mal dans le monde.

Le thème de la souffrance est difficile à traiter parce qu'il est lié à l'ensemble de la vision chrétienne, d'une part, et parce que, d'autre part, il existe à son sujet des courants et des points de vue très divers dans le christianisme, comme dans chacune des religions.

Si l'on veut comprendre et approfondir la pensée catholique sur la souffrance, il nous faut donc dès le départ faire un effort pour départager divers courants ou diverses interprétations du mystère

---

1. Voir *Le contrôle de la douleur*, Notre-Dame-de-la-Merci (cahier de bioéthique # 1), Montréal, CHNDM, 1985.

2. JEAN-PAUL II, *Lettre apostolique sur le sens chrétien de la souffrance humaine*, Rome, février 1984.

chrétien. Des idées contradictoires en effet circulent, allant du sadomasochisme à l'idéalisme naïf, des idées qu'il importe de regrouper, d'analyser, de critiquer. Aussi, cet exposé sera-t-il divisé en quatre parties:

1. Je ferai d'abord un présentation de la doctrine classique où dominent les idées de châtiment, punition, épreuve, remède, bénédiction.

2. Suivra une analyse critique de cette vision négative et doloriste, en regard de la prise en compte du sérieux de l'expérience humaine et de la richesse multiforme de la tradition chrétienne. Cette analyse fera ressortir notamment qu'il existe deux interprétations théologiques possibles des mystères de la Rédemption et du péché originel.

3. Le troisième chapitre mise sur la seconde interprétation de ces mystères pour présenter une vision chrétienne renouvelée de la souffrance. Le titre «Quand foi et expérience s'intègrent» en indique bien la perspective.

4. J'essaierai enfin, en cohérence avec cette interprétation, de signaler quelques repères éthiques propres à aider dans le processus de décision et d'action[3].

---

3. Il y a quelques années, le comité de bioéthique du Centre hospitalier Notre-Dame-de-la-Merci a publié un petit document sur le contrôle de la douleur. En annexe, il traitait du sens de la souffrance, dans diverses religions (voir note 1). Dans le cadre de cette recherche, j'ai publié un article sur la conception de la souffrance dans le catholicisme (voir les *Actes du 24e Congrès annuel de l'Association des aumôniers d'hôpitaux du Québec*, septembre 1985; voir aussi *Nouveau Dialogue*, janvier 1986, p. 22-31). Mes lectures subséquentes, au cours des ans, n'ont fait que confirmer et compléter ces premiers travaux. Je m'en inspire donc considérablement pour cette présentation. Les trois premiers chapitres ont fait l'objet d'une conférence au Congrès de l'*Association québécoise des soins palliatifs*, à Québec, en juin 1991.

1

UNE VISION DOLORISTE

La conception dominante en catholicisme, celle que l'on retrouve dans plusieurs documents officiels aussi bien que dans la mentalité populaire — conception assez marquante pour que des observateurs extérieurs au christianisme la donnent comme «doctrine officielle» de l'Église[4] — tient en trois mots: *châtiment*, *épreuve*, *bénédiction*. Même si l'insistance à décrire cette conception peut paraître injuste à certains, elle s'impose pédagogiquement pour faire saisir l'enjeu de la réflexion religieuse et l'importance des nuances.

Châtiment

C'est une idée extrêmement répandue que de voir la souffrance comme un châtiment pour le péché. Soit d'une manière générale et universelle: en présentant la souffrance comme punition du péché originel. Soit d'une manière plus individualisée: en reliant telle ou

---

4. Voir, par exemple, John W. BOWKER, «Pain and Suffering: Religious Perspectives», dans *Encyclopedia of Bioethics*, éd. par W.T. REICH, New York, The Free Press, 1978, p. 1186-1187.

telle souffrance de tel ou tel individu à tel ou tel péché commis par lui ou par sa famille. Il paraît alors normal de souffrir pour nos péchés, pour réparer nos péchés, soit en acceptant saintement la souffrance envoyée par Dieu, soit en se chargeant de souffrances volontaires.

1. L'Ancien Testament contient un enseignement explicite en ce sens. Le récit de la chute originelle se coule dans cette perspective. La théologie courante chez les juifs pieux proclamait que le juste devait être prospère et en santé, le pécheur malade et pauvre: tel est le sens du discours des amis de Job; beaucoup de psaumes présentent aussi la souffrance comme conséquence du péché[5]. Le péché d'une personne devait d'ailleurs s'étendre sur sa descendance jusqu'à la troisième et quatrième génération: un proverbe courant en faisait foi: «Les pères ont mangé des raisins verts, les dents des fils sont agacées» (*Jr* 31,29; *Ez* 18,2). Et quand les prophètes critiquent ce proverbe pour ramener à la responsabilité individuelle (*Jr* 31,29; *Ez* 18,1-4; *Dt* 24,16), ils ne remettent pas en cause le dogme officiel lui-même. Ils en corrigent seulement une facette. (cf. *Ez* 8-10; 14,12-23; 33,10-20)

2. Les premiers chrétiens ont été marqués par le radicalisme de l'Évangile. Ils ont vite compris l'importance de la croix. De là s'est instaurée une tradition ascétique, qui a subi divers aléas au cours des âges. Dans son *Introduction à la vie spirituelle*, l'historien Louis Bouyer a bien montré, par exemple, comment cette ascèse est devenue parfois volonté d'expiation, goût de la souffrance; comment elle a été présentée comme moyen de rachat pour les péchés, moyen de retenir le châtiment divin sur les pécheurs[6].

3. Des idées semblables sont partagées et propagées par de grands écrivains catholiques et par des prédicateurs renommés. Déjà au XVIIe siècle, Blaise Pascal a cette réflexion significative: «Que mes souffrances servent à apaiser votre colère[7].»

Plus éloquent encore est Léon Bloy, cet écrivain de la fin du XIXe siècle qui a mis toute sa fougue à répandre le message de la

---

5. Voir Jean DUHAIME, «La souffrance dans les psaumes 3-41», dans *Science et Esprit*, XLI/1, 1989, p. 33-48.

6. Louis BOUYER, *Introduction à la vie spirituelle*, Tournai, Desclée et Cie, 1960, p. 127-142.

7. Blaise PASCAL, *Œuvres complètes*, Paris, Seuil, 1963, p. 365. (Cité dans *Lumen Vitæ*, 27/3, 1982, p. 301).

Salette sur le sens de la souffrance et le besoin de pénitence[8]. Selon lui, les malheurs et les souffrances de ce monde sont reliés directement aux péchés. Les troubles dans les pays, notamment la France (guerre, révolution, famine), sont les conséquences des péchés que sont la décadence des mœurs, les lois impies, ou encore la profanation du dimanche. Les péchés des prêtres et religieux, en particulier, crient vengeance. Le Seigneur attend réparation et expiation, sinon il fera justice. Pour un temps encore, c'est Marie qui retient le bras vengeur de son Fils. Mais, attention, quand Marie aura perdu patience, exaspérée, sa vengeance à elle sera plus terrible encore. «C'est l'espérance et la volonté du Fils de Dieu d'être vengé par sa Mère», écrit Léon Bloy.

Dans son célèbre roman *La peste*, l'écrivain athée Albert Camus se fait l'écho de cette tradition, dans l'homélie qu'il fait tenir au père Paneloux au début de l'épidémie[9]. Le prêtre monte en chaire et commence d'une voix forte et vigoureuse: «mes frères, vous êtes dans le malheur, mes frères, vous l'avez mérité.»

La première constatation — qui donne le thème de l'ensemble du discours — est que le présent malheur est une punition de Dieu.

> Les justes ne peuvent craindre cela, mais les méchants ont raison de trembler. [...] Vous avez pensé que quelques génuflexions le paieraient bien assez de votre insouciance criminelle. Mais Dieu n'est pas tiède. Ces rapports espacés ne suffisaient pas à sa dévorante tendresse. [...] Voilà pourquoi, fatigué d'attendre votre venue, il a laissé le fléau vous visiter comme il a visité toutes les villes de péché depuis que les hommes ont une histoire. (p. 110-112)

4. L'imaginaire populaire est d'ailleurs rempli de ces idées. Plusieurs proverbes ou dictons l'habitent et le forgent: «La terre est une vallée de larmes», «Je suis trop heureux; ça ne peut pas durer», «Un malheur n'arrive jamais seul», «On est puni par où on a péché».

---

8. Léon BLOY, *Celle qui pleure: Notre Dame de la Salette*, Paris, Mercure de France, 1967.

9. Albert CAMUS, *La peste*, Paris, Gallimard, 1947. Voir Jean-Pierre JOSSUA, *Discours chrétiens et scandale du mal*, Lyon, Chalet, 1979, p. 115-121.

Un chant de Noël des plus populaires affirme que l'Enfant-Dieu est venu «apaiser le courroux» d'un Créateur irrité par les fautes de ses créatures.

On pourrait encore rappeler les réticences de certains milieux chrétiens à accepter, il y a quelques décennies, les méthodes dites «d'accouchement sans douleur». L'interprétation de la malédiction biblique (*Gn* 3,16) semblaient à certains s'opposer à ce progrès humanitaire. On raconte que, il y a quelques décennies, certaines religieuses-infirmières travaillant dans les hôpitaux refusaient de donner des calmants aux filles-mères qui accouchaient. Punition pour leur péché! Et dans la distribution des analgésiques aux malades incurables en phase terminale, on a souvent fait preuve d'une parcimonie et d'une réserve surprenantes. Débat éthique bien sûr, mais aussi relent de cette conception de la souffrance.

Épreuve-remède

Assez parente de l'idée de punition ou de châtiment pour le péché, se trouve celle de la souffrance-épreuve. Dans cette perspective, Dieu envoie la souffrance non pour punir ou se venger, mais pour mettre à l'épreuve, pour vérifier la solidité de la foi, pour amener la personne à la conversion. Le lien au péché reste ici très marqué, même si la perspective est moins punitive et plus éducative.

1. Si le Livre de Job dénonce la théorie de la souffrance-punition pour les péchés personnels, par ailleurs, notamment dans le prologue, il présente la souffrance comme une épreuve, laquelle y est fixée par Satan, mais avec la permission de Dieu. Satan envoie à Job souffrances et malheur pour vérifier sa fidélité, sa droiture. Il est trop facile d'aimer Dieu et de le servir quand on est heureux, en santé et en pleine prospérité!

2. L'idée est si répandue en théologie et dans la prédication que Camus en tisse l'homélie du père Paneloux. La souffrance a un rôle pédagogique, la souffrance sort l'homme de sa torpeur, de son indifférence et de sa tiédeur pour l'amener à la réflexion.

> L'heure est venue de réfléchir. [...] Vous savez maintenant et enfin qu'il faut venir à l'essentiel. [...] Le temps n'est plus où des conseils, une main fraternelle étaient les moyens de vous pousser

vers le bien. Aujourd'hui la vérité est un ordre. Et le chemin du salut, c'est un épieu rouge qui vous le montre et vous y pousse. C'est ici, mes frères, que se manifeste la miséricorde divine... Ce fléau même qui vous meurtrit, il vous élève et vous montre la voie. (p. 112-114)

Dans son livre sur la souffrance, le théologien contemporain Jean Galot insiste beaucoup sur cet aspect pédagogique de la souffrance. Il lui semble justifier le fait que Dieu en soit la cause directe[10].

3. De cette vision se dégagent diverses idées courantes. «C'est dans la souffrance qu'on grandit». «Seul celui qui a souffert sait». Dans deux vers mémorables, le poète Musset a bien illustré cette idée:

L'homme est un apprenti, la douleur est son maître.
Et nul ne se connaît, tant qu'il n'a pas souffert[11].

Et Baudelaire de lui faire écho dans un poème bien souvent cité:

Soyez béni, mon Dieu, qui donnez la souffrance
Comme un divin remède à nos impuretés
Et comme la meilleure et la plus pure essence
Qui prépare les forts aux saintes voluptés[12]!

Encore une fois, les dictons présents dans l'imaginaire populaire illustrent la profondeur de l'enracinement de cette vision de la souffrance comme épreuve ou remède: «Tout plaisir se paie», «Dieu éprouve ceux qu'il aime».

Bénédiction

Une autre façon de voir les choses consiste à présenter la souffrance comme une bénédiction, comme une grâce de Dieu à ceux qu'il aime

---

10. Jean GALOT, *Pourquoi la souffrance*, Louvain, Éditions Sintal, 1984.

11. Alfred de MUSSET, *La nuit d'octobre*, 1837, dans *Pages choisies*, Paris, Larousse, 1959, p. 79. Voir aussi P. ANTOINE, «L'homme et la souffrance», dans *Laennec*, Automne 1975, p. 21.

12. Charles BAUDELAIRE, *Bénédiction*, 1857, dans *Les fleurs du mal*, Paris, Le livre de poche, 1982, p. 12.

de façon privilégiée. Suivre le Christ, c'est souffrir comme lui. Plus j'aime, plus je dois souffrir. Plus Dieu aime, plus il fait souffrir.

1. Ainsi comprend-on souvent les Béatitudes et certains textes de Paul.

> Bienheureux ceux qui souffrent... bienheureux ceux qui pleurent. (*Mt* 5,3-12)

> Si quelqu'un veut venir après moi, qu'il renonce à lui-même, qu'il se charge de sa croix et qu'il me suive. (*Mt* 16,24)

> Je trouve ma joie dans les souffrances que j'endure pour vous, et je complète en ma chair ce qui manque aux épreuves du Christ pour son corps, qui est l'Église. (*Col* 1,24)

2. Certains courants de spiritualité du XIXe siècle ont donné dans cette veine, explique encore l'historien Bouyer. Par exemple, la dévotion au Sacré-Cœur présentée par Marguerite Marie Alacoque, où l'on insiste lourdement sur l'idée de réparation: souffrir pour compenser les souffrances causées à la sainte humanité du Christ dans l'Eucharistie par les infidélités des chrétiens. Ou encore on y insiste sur l'idée de substitution: s'infliger des souffrances volontaires en union avec Jésus Christ pour se substituer aux pécheurs face aux châtiments divins qui devaient les frapper[13].

3. Ici encore, *La peste* de Camus témoigne de la théologie courante. Quand la peste aura étendu ses ravages, et notamment quand le père Paneloux aura vu l'atroce agonie et la mort du jeune enfant du juge Othon, le prêtre sera plus humble qu'au début, alors qu'il parlait catégoriquement de châtiment et d'épreuve. Sa seconde homélie est particulièrement révélatrice de ce changement de ton et d'idée. Il y a du mal, dit-il, telle la souffrance d'un enfant, qu'on ne peut expliquer devant Dieu. Il s'agit alors tout simplement de croire. Il n'y a pas d'autre choix: tout croire ou tout nier. Cette souffrance, «il fallait la vouloir parce que Dieu la voulait». (p. 243-248)

Si, d'une part, le père Paneloux a uni ses efforts à ceux des autres pour essayer de soulager la souffrance, il refusera, d'autre part, pour

---

13. Louis BOUYER, *op. cit.*

lui-même toute aide et mourra seul, en silence, en serrant un crucifix. Il avait confié à un proche: «Si un prêtre consulte un médecin, il y a contradiction.» (p. 250-254)

Sans être aussi explicites, ou univoques, bien des théologiens émettent des idées analogues: le sens de la maladie est d'être un acte d'union au Christ et de participation à sa souffrance; la souffrance est un don de Dieu; la souffrance nous conforme au Christ; la présence des souffrants nous rappelle que notre vraie vie est dans l'au-delà[14].

4. Ce courant est tellement fort que dans la pensée chrétienne populaire — et n'en sommes-nous pas tous plus ou moins marqués — l'idée de sainteté est associée à la souffrance. Un saint, c'est quelqu'un qui a beaucoup souffert: souffrances acceptées, souffrances recherchées librement. «Ou souffrir, ou mourir» clamait sainte Thérèse de Lisieux. Et la plupart des saints canonisés ont effectivement enduré des maux considérables, ils ont pratiqué une ascèse qui frise la démesure: mortification, silice, flagellation, etc.

*

* *

Châtiment, épreuve, bénédiction: globalement, la souffrance apparaît ainsi comme une bonne chose, plus ou moins directement voulue par Dieu. Cela donne une vision sombre, doloriste, certains psychologues diraient sadomasochiste de la vie, du dessein de Dieu, de la personne même de Dieu.

En est-il vraiment ainsi du Dieu de Jésus Christ? Les croyants sont-ils liés à cette interprétation de la foi chrétienne?

---

14. Voir René LATOURELLE, *L'homme et ses problèmes dans la lumière du Christ*, (coll. «Recherche»), Montréal, Bellarmin, 1981, p. 321-336.

2

UN DOLORISME PROBLÉMATIQUE

Pour dominante qu'elle soit, cette conception doloriste de la souffrance, à mon avis, mérite d'être critiquée; et cela à plus d'un titre:

- elle ne fait pas suffisamment place à l'expérience humaine du mal;
- elle ne rend pas compte adéquatement de l'ensemble de la tradition chrétienne;
- elle renvoie enfin à des options théologiques sous-jacentes qui, en dépit de leur autorité traditionnelle, ne s'imposent pas nécessairement.

L'expérience humaine

L'interprétation doloriste présentée précédemment évacue une part de l'expérience humaine. Cela tend à la rendre suspecte aux yeux d'une religion qui veut prendre au sérieux la vie humaine et le sort de l'homme.

Pour tout observateur quelque peu impartial, la souffrance apparaît d'abord comme un mal: un mal qui détruit la personne humaine, un obstacle au développement de la personne sous sa triple dimension de vie consciente, relationnelle et créatrice. Quand la souffrance est grande, trop grande, quand l'être humain se tord de douleur, il se ferme sur lui-même, tout entier occupé par le mal, comme paralysé intellectuellement. Plus de place alors pour penser, croître intérieurement, dialoguer, travailler, créer, s'émerveiller. Dans une autre optique, plus de place non plus pour la prière.

Pour plusieurs, l'existence de la souffrance, de la maladie et de l'infirmité dans le monde constitue un scandale. Au plan strictement humain, comment comprendre l'existence du mal avec la soif de bonheur et de plénitude qui habite les personnes humaines? Où est l'harmonie universelle? Vraiment, il y aurait lieu de conclure à l'absurde, comme certains philosophes et humanistes l'ont fait. Et, d'un point de vue chrétien, comment concilier la souffrance avec l'existence d'un Dieu bon? Comment croire en un Dieu qui fait ou qui laisse souffrir? Comment accepter notamment la souffrance des innocents, la souffrance des enfants? Le roman de Camus, *La peste*, constitue un réquisitoire incontournable en ce sens.

Quand on prête attention à un individu qui souffre, que ce soit soi-même ou un être aimé, une question revient marteler l'esprit avec une fatidique régularité ainsi qu'avec la force d'un bélier mécanique: «Pourquoi moi? Pourquoi lui?» Vraiment, l'omniprésence du mal constitue une injustice.

Il serait pour le moins surprenant qu'une religion qui se dise proche des humains ne fasse pas une meilleure part à l'expérience humaine.

Un second courant de la tradition

Bien plus, la conception doloriste présentée précédemment n'intègre pas bien le courant de compassion et de miséricorde qui a marqué la vie du Christ et l'histoire de la communauté chrétienne.

1. L'existence du Christ est toute empreinte d'une pratique de compassion et de miséricorde. La lettre apostolique de Jean-Paul II sur la souffrance explicite très bien ce point.

> Dans son activité messianique au sein d'Israël, le Christ s'est sans cesse fait proche du monde de la souffrance humaine. Il est

passé en faisant le bien (*Ac* 10,38), et son action le portait en premier lieu vers ceux qui souffraient et ceux qui attendaient de l'aide. Il guérissait les malades, consolait les affligés, donnait à manger aux affamés, délivrait les hommes de la surdité, de la cécité, de la lèpre, du démon, de divers handicaps physiques, trois fois il a rendu la vie à un mort. Il était sensible à toute souffrance humaine, tant du corps que de l'âme[15].

2. Non seulement l'attitude et les actes du Christ, mais aussi son enseignement, s'insèrent dans une ligne de compassion.

Les Béatitudes sont adressées aux hommes et aux femmes éprouvés par différentes souffrances de la vie temporelle pour leur dire: les temps nouveaux sont arrivés.

La parabole du bon samaritain (*Lc* 10,29) constitue un enseignement des plus significatifs. «Elle indique en effet, écrit Jean-Paul II, quelle doit être la relation de chacun d'entre nous avec le prochain en état de souffrance. Il nous est interdit de "passer outre", avec indifférence, mais nous devons "nous arrêter" auprès de lui.» (§28)

Le texte sur le Jugement dernier est aussi très révélateur. Vêtir ceux qui sont nus, visiter les malades et les prisonniers, nourrir ceux qui ont faim, voilà ce qui spécifie le disciple du Christ, voilà ce qui identifie au Christ. (§29)

Loin de glorifier la souffrance, l'Évangile invite donc à la combattre. Pour l'ensemble de l'Évangile, s'applique le jugement porté par Jean-Paul II sur la parabole du bon Samaritain.

> Elle témoigne que la révélation par le Christ du sens salvifique de la souffrance ne s'identifie nullement à une attitude de passivité. C'est tout le contraire. L'Évangile est la négation de la passivité en face de la souffrance. (§30)

3. L'élan donné par le Christ a suscité au cours des siècles des initiatives et des services sans nombre, tant au plan individuel qu'institutionnel. Combien d'hospices de toutes sortes, notamment, ont été

---

15. JEAN-PAUL II, *Lettre apostolique sur le sens chrétien de la souffrance humaine*, Rome, février 1984. Voir aussi le beau petit livre d'André MYRE, *Ô Miracle. Jésus et les malades*, Montréal, Éd. Paulines, 1990, par. 16.

fondés par des chrétiens et par esprit chrétien. Et combien de communautés ont été constituées pour venir en aide aux souffrants de toutes catégories: malades, vieillards, prisonniers, galériens, filles-mères, orphelins, etc. Malgré diverses exceptions odieuses, l'histoire des chrétiens est un hymne de compassion et de miséricorde. Et cet hymne chrétien a presque toujours — sinon toujours — accompagné l'évolution et le progrès de la médecine[16].

4. Les déclarations du pape Pie XII, dans les années 1950, à l'effet que l'usage des analgésiques pour soulager la douleur a pleinement droit de cité dans la pratique chrétienne, allaient dans le même sens et confirmaient cette attitude[17].

La tradition chrétienne est donc faite d'un double courant: l'un, théorique, qui magnifie d'une certaine façon la souffrance; l'autre, pratique, qui la combat par toutes sortes de moyens et avec beaucoup d'énergie. À moins d'être un peu «schizophrène intellectuel», on ne peut se satisfaire facilement de cette dichotomie, de cette contradiction. Il y a lieu de se demander s'il n'y aurait pas moyen de mieux concilier les deux courants. Et, pour ce faire, il convient de s'interroger sur leur origine.

Options théologiques sous-jacentes

Comment concilier ces deux volets de la tradition? Mais d'abord, doit-on les comprendre tels que présentés? Expriment-ils bien la «vérité chrétienne» ou en sont-ils des dégradations, des déviations? Un peu comme Chesterton disait de certaines opinions socialistes: ce sont des idées chrétiennes devenues folles!

Pour aider à répondre à ces questions, essayons de dégager les options théologiques sous-jacentes à ces conceptions. Deux thèmes prennent l'avant-scène: la nature et le sens de la Rédemption; l'origine du mal et la question du péché originel.

---

16. Louis J. LEBRET, *Dimensions de la charité*, Paris, Éditions Ouvrières, 1958.

17. Pie XII, *Allocution à des médecins et chirurgiens*, 24 février 1957 (sur l'analgésie). *Cf. La Doc. cath.*, 1247 (1957) p. 325ss; ou encore P. VERSPIEREN, *Biologie, médecine et éthique: textes du Magistère catholique*, Paris, Centurion, 1987, p. 347-364.

a. Le sens de la Rédemption

Le fait de la Rédemption s'impose au croyant comme une vérité de foi. Cependant, diverses interprétations théologiques sont possibles et plusieurs ont effectivement été professées au cours des âges. J'en retiens deux.

La théorie de la satisfaction et de la substitution

Une interprétation majeure — sinon dominante — de l'œuvre rédemptrice du Christ est la théorie de la satisfaction. Par le péché (originel), le premier homme a offensé Dieu et mérité la mort. Désormais l'humanité doit payer, réparer, pour obtenir le pardon. Mais elle est trop faible pour réparer l'offense infinie faite au Père.

Envoyé par son Père, Jésus s'est substitué aux hommes pécheurs. Il a compensé l'offense infinie faite à Dieu par ses souffrances et sa mort qui — parce que venant d'un Dieu — avaient valeur infinie. Il a donc apaisé la colère divine allumée par le péché des hommes. Jésus s'est donné en rançon. Il a compensé l'offense infinie faite à Dieu. Il a sauvé l'humanité en satisfaisant (c'est-à-dire en souffrant) à sa place. La croix (souffrance et mort) est donc directement cause du salut des hommes.

Par rapport à celui qui prend l'initiative, cette théorie peut s'exprimer de l'une ou l'autre des manières suivantes:

— le Verbe s'est incarné de lui-même pour souffrir et mourir, afin de réparer l'outrage fait au Père;

— ou bien, le Christ a obéi à la volonté du Père, qui exigeait réparation. Sa souffrance et sa mort étaient directement voulues par le Père.

Il reste à l'homme à se laisser imputer les mérites du Christ. Mais le disciple authentique n'aura de cesse de s'efforcer d'imiter son Maître et donc de souffrir avec lui. Par là, comme l'exprime saint Paul, il complète en sa chair ce qui manque à la Passion du Christ pour son corps qui est l'Église.

Cette théorie de la satisfaction peut être présentée sobrement et avec équilibre. Bien des théologiens disent qu'un seul acte d'amour, un seul soupir du Christ, étant donné la qualité divine de sa personne, aurait suffi à satisfaire pour le péché du monde. Mais elle peut, et elle a de fait donné lieu à des développements extravagants, comme certains de ceux que nous avons vus précédemment, notamment quand on met l'accent sur l'expiation et la substitution. À la limite, les spécialistes ne parlent d'ailleurs plus de théorie de la satisfaction (le Christ a satisfait pour nous); mais de celle de la substitution (il a souffert à notre place; il a été lui-même victime à notre place de la colère ou de la vindicte du Père).

Ces conceptions ne sont pas sans poser problème. L'idée d'un Dieu qui exige la souffrance pour apaiser sa colère, et particulièrement la souffrance de son Fils — et la souffrance jusqu'à la mort —, est-elle authentiquement chrétienne? L'idée d'un amour qui exige souffrance et mort — car on pense parfois tout couvrir en disant que la Passion s'est faite par amour — cette idée d'un amour qui exige souffrance et mort, est-elle vraie? Un Dieu qui se réjouit de la souffrance des hommes, est-ce un Dieu sain? Finalement, ne sommes-nous pas parfois en face d'un Dieu pervers, sadomasochiste, davantage qu'en face du Dieu chrétien[18]? Et encore, où serait la cohérence entre un Dieu qui châtie et un Dieu qui nous demande de pardonner, même à nos ennemis? Où serait la cohérence entre un Dieu qui exige la mort de son fils, et celui qui interdit tout sacrifice humain (voir le récit d'Isaac et du bûcher)?

On peut être habitué à lire les textes du Nouveau Testament dans cette perspective, mais est-ce pertinent?

La théorie de la mission

En se distinguant des théories de la satisfaction et de la substitution, une autre vision de la Rédemption est possible, vision que l'on retrouve chez certains évêques du début de l'Église, vision que François Varone appelle «théorie de la révélation[19]», mais que je préfère appeler «théorie de la mission[20]».

---

18. Maurice BELLET, *Le Dieu pervers*, Tours, Desclée de Brouwer et Mame, 1979.

19. François VARONE, *Ce Dieu censé aimer la souffrance*, Paris, Cerf, 1984.

20. Grammaticalement, l'expression «théorie de la Révélation» me semble incorrecte. Mais c'est quant au fond surtout que l'expression me paraît inadéquate. En fait, cette théorie n'est pas plus révélée — ni moins — que les théories de la satis-

Selon cette interprétation, le Christ s'est incarné:

— pour annoncer le Royaume:
— pour révéler le vrai visage de Dieu;
— pour proclamer le sens de la destinée humaine et le sens de l'histoire;
— pour annoncer le salut: salut qui implique la libération et la promotion des personnes, la construction de la cité, mais aussi la communion éternelle avec la divinité. Le salut implique la conversion et le repentir pour les péchés — et Jésus y incite ardemment dans l'Évangile —, mais il est surtout appel à la communion avec Dieu.
— Bref le Christ s'incarne pour compléter, rendre plénière la Révélation du dessein de Dieu commencée aux premiers jours de l'humanité.

Ce faisant, il a suscité l'hostilité du pouvoir religieux et du pouvoir civil, qu'il dérangeait. Il en était conscient: il a vu venir les persécutions, les souffrances, la mort même. Il ne recula pas devant sa tâche, sa mission. Il en est mort: mais ses souffrances et sa mort ne sont pas directement voulues ou recherchées, ni par lui, ni par le Père.

Jésus révèle alors un Dieu différent — un Dieu différent de celui annexé par les autorités religieuses, un Dieu différent de ce que l'être humain peut concevoir ou imaginer. Il révèle un Dieu de miséricorde, et non de justice. Un Dieu Père et non un Dieu vengeur. Un Dieu proche des exclus, des pauvres, des opprimés, et non un Dieu de sacrifice. Christ n'est pas une victime pour apaiser la colère du Père, il est prophète: annonçant qui est l'homme et quelle est sa destinée, annonçant qui est Dieu et quelle est sa volonté. Et prophète tellement fidèle et aimant qu'il est prêt à endurer tous les obstacles. La croix n'est pas alors un symbole sadomasochiste, mais le symbole de l'annonce d'un Dieu bienveillant, et le symbole d'une pratique dynamique en faveur des hommes.

La souffrance et la mort du Christ, alors, ne viennent pas du Père, mais des hommes. Le mystère chrétien n'en est pas défiguré

---

faction ou de la substitution. Toutes les théories sont des essais d'interprétation — plus ou moins heureux — de la Révélation évangélique. Le livre de F. Varone est, par ailleurs exceptionnel.

pour autant. L'affirmation «le Christ est mort pour nos péchés» reste vraie. «Le Christ nous a sauvés par sa croix», aussi. Non pas au sens où le Père a exigé la mort de son Fils; mais au sens où le Fils a accepté de souffrir jusqu'à la mort pour ne pas être détourné de sa mission révélatrice et salvifique; et au sens où le Père a accepté (dans la souffrance, si on peut parler de souffrance en Dieu) que son Fils aille jusque-là. La perspective est bien différente de la théorie précédente.

b. La question du péché originel

Les théories de la satisfaction et de la substitution, peuvent être rattachées à la Bible; diverses expressions du Nouveau Testament y donnent prise. Mais peut-être cette interprétation est-elle trop dépendante de l'Ancien Testament, de la théorie du sacrifice et des chants du Deutéro-Isaïe, et ne prend-elle pas suffisamment en considération l'évolution, sinon la discontinuité, qui existe ici entre l'Ancien et le Nouveau Testament. Mais elle semble surtout étroitement liée à une certaine conception du péché originel et de l'origine du mal dans le monde.

Mais ici encore, si le mystère du péché des origines s'impose aux croyants, l'interprétation théologique peut en être variée.

Une interprétation historique

Les trois premiers chapitres de la Genèse ont reçu très souvent une interprétation historique, voire chronologique. Il était une fois un «paradis» où les êtres humains étaient heureux, exempts de souffrances, non soumis à la mort. Le péché d'Adam est venu détruire cette harmonie et séparer — infiniment — les humains de Dieu. Par là, la souffrance et la mort sont entrées dans le monde. De même est né le besoin d'une réparation de qualité infinie. L'influence de saint Augustin ne fut pas minime dans la propagation et l'amplification de ces idées.

Une interprétation symbolique

On peut cependant comprendre le récit de la chute, non pas comme historique, mais comme symbolique, mythique, c'est-à-dire énonçant non une vérité sur les origines mais une vérité de toujours sur la structure même de l'être humain et du monde. Les théories scientifiques de l'évolution amènent à penser qu'il n'y a pas eu à l'origine ni un paradis terrestre, ni un Adam parfait, mais un monde en constante évolution et une humanité d'abord très primitive en marche — ô combien lente! — vers plus de raffinement[21].

La souffrance n'a plus besoin alors d'être liée à la volonté directe de Dieu ou à la faute d'un seul homme (péché originel). Elle s'explique suffisamment par deux facteurs: la nature de la création (évolutive) et les péchés personnels (actuels et passés) des hommes.

— La création évolutive. Dieu ayant créé un monde en évolution, il était inévitable que, dans les transformations innombrables à partir de la nuée primitive, il y ait des cataclysmes, des perturbations, des infirmités. Ce sont des déséquilibres inévitables entre les forces en présence: ils entrent dans la beauté et la dynamique de la création. Bien des souffrances physiques s'expliquent par là. Teilhard de Chardin a écrit quelques belles pages en ce sens[22].

— Les péchés des hommes. Lié à l'évolution, le mal est cependant aggravé par les péchés des êtres humains, péchés actuels et péchés de toujours: égoïsme, négligence, soif de pouvoir et d'avoir. Pensons aux maux suscités par les guerres, la torture, les dictatures de toutes sortes, les exploitations de l'homme par l'homme, les accidents de véhicules dus à des défauts de fabrication ou à des causes humaines, les erreurs médicales, etc. Dans sa lettre apostolique sur la souffrance, Jean-Paul II écrit qu'on ne peut séparer la souffrance «de l'arrière-plan pécheur des actions personnelles et des processus sociaux dans l'histoire de l'homme[23]». On voit immédiatement l'ampleur des souffrances ici évoquées. Mais la souffrance n'est pas voulue positivement par Dieu. Elle fait partie du projet global de création. Dieu était en face d'un dilemme: soit créer un monde parfait où tout est déterminé d'avance, soit créer une humanité libre. Et alors il était

21. Voir Gustave MARTELET, *Libre réponse à un scandale: la faute originelle, la souffrance et la mort*, Paris, Cerf, 1986.

22. *Cf.* Pierre TEILHARD DE CHARDIN, *Le phénomène humain*, Paris, Seuil, 1955, p. 345-348.

23. JEAN-PAUL II, *op. cit.*, par. 15.

inévitable qu'en acceptant vraiment le risque de la liberté, il y ait des égoïsmes, des exploitations qui entraîneraient de la souffrance.

Dans cette perspective, la souffrance et le mal ne sont pas voulus directement par Dieu. Il n'y aura plus de mal et de souffrance dans l'au-delà. Dieu ne se réjouit pas du mal et de la souffrance des êtres humains — pour continuer les anthropomorphismes —. Mais il a accepté le mal et la souffrance inhérents à son projet de monde en évolution donné à parfaire à des êtres libres. Et il se réjouit quand il voit ces êtres libres choisir de faire reculer les frontières du mal et de la souffrance.

Cette explication donne une autre image de Dieu, plus belle, une autre vision du monde, plus positive: image de Dieu et vision du monde beaucoup plus proches de ce que, dans l'Évangile, les faits et gestes de Jésus nous enseignent de Dieu[24]. Elle n'élimine pas, bien sûr, le scandale du mal dans un monde créé par un Dieu tout-puissant et souverain, ni la question de la justice quand le mal m'atteint, moi, dans ma chair et mon âme; mais elle change considérablement la perspective et atténue un peu ce scandale.

24. *Cf.* André MYRE, *op. cit.*

3

QUAND FOI ET EXPÉRIENCE S'INTÈGRENT

Sur ces bases, on peut essayer maintenant d'exposer une synthèse nouvelle — fidèle à la foi sans être incongrue pour l'esprit humain. Deux développements s'imposent: d'abord l'intégration des concepts dominants dans la tradition classique, ensuite, le sens spécifique de la souffrance.

Intégration des concepts classiques

La synthèse classique, telle que rapportée précédemment, à mon avis est inacceptable. Cela ne signifie pas que certains éléments ne contiennent une part de vérité, s'ils sont bien compris. Revoyons donc trois de ces éléments: châtiment, épreuve, bénédiction.

a. Châtiment et punition

L'idée d'un lien étroit, causal, entre souffrance et péché est déjà critiquée et contestée dans l'Ancien Testament. Le Livre de Job est un réquisitoire vigoureux contre cette vieille théorie: malgré ce que lui disent ses amis (représentants de la théologie officielle), Job maintient qu'il n'a pas péché et continue de crier son innocence. À la fin, c'est lui que Yahvé loue et félicite[25].

Mais cette théorie du mal-punition est aussi rejetée par le Christ. En effet l'épisode de l'aveugle-né est assez éloquent: «Et, en passant, il vit un homme aveugle de naissance. Et ses disciples l'interrogèrent en disant: *Rabbi, qui a péché, lui ou ses parents, qu'il soit né aveugle?* Jésus répondit: *Ni lui n'a péché, ni ses parents, mais c'est afin que soient manifestées les œuvres de Dieu en lui* (*Jn* 9,1-3)[26].»

Refuser le lien causal entre souffrance et péché, ou refuser de voir la souffrance comme punition d'un péché personnel, ne signifie pas cependant que la souffrance n'ait rien à voir avec les péchés. J'ai bien marqué précédemment que si la souffrance était d'abord liée au monde évolutif que Dieu a créé, celle-ci pouvait être aggravée — et considérablement — par les péchés des hommes: égoïsme, orgueil, négligence, soif de pouvoir et d'avoir. Ainsi une vie de débauche et d'excès de toutes sortes peut entraîner naturellement maladie, infirmités et souffrances. Le comportement des autres (accident d'auto, guerre, exploitation, etc.) peut causer bien des souffrances. Mais le lien causal entre tel acte et telle souffrance n'est pas toujours existant, surtout pas chez le même individu. Et même si le lien existe, il n'est pas certain que son sens soit celui d'une punition venant de Dieu.

La lettre apostolique de Jean-Paul II sur la souffrance me semble ici très claire et très juste.

> S'il n'est pas permis d'appliquer ici le critère restreint de la dépendance directe (comme le faisaient les trois amis de Job), on ne peut non plus renoncer au critère selon lequel, à la base des souffrances humaines, il y a des compromissions de toutes sortes avec le péché[27].

---

25. Cette idée centrale du Livre de Job est reconnue dans l'exégèse traditionnelle. L'interprétation de René Girard la reprend et lui donne, s'il est possible, une importance plus grande encore. Car c'est cette proclamation d'innocence qui dénonce le mythe du bouc émissaire. *Cf.* entre autres, R. GIRARD, *La route antique des hommes pervers*, Paris, Grasset, 1985.

26. La péricope de Luc (13,1-5) sur les 18 personnes écrasées sous les ruines de la tour de Siloé est plus difficile à utiliser ici, parce qu'elle se termine par un appel universel à la pénitence.

27. JEAN-PAUL II, *op. cit.*, par. 15.

Ce thème me semble, cependant, très délicat à traiter. Humilité et prudence seront donc toujours de mise.

b. Remède et épreuve

La conception de la souffrance comme épreuve ou remède a sa grandeur. Elle contient incontestablement sa part de vérité. La souffrance physique est souvent un signal d'alarme, un signe que quelque chose ne va pas dans l'organisme et peut-être dans le rythme de vie de la personne. Souvent, c'est dans la souffrance que le caractère se forme et se prouve, comme c'est dans le creuset de la forge que le fer est purifié. L'histoire nous apprend que la souffrance a été l'occasion de bien des conversions morales et spirituelles.

Et pourtant, dans la mesure où l'on rattache la souffrance-épreuve directement à la volonté de Dieu, cette conception me semble inacceptable. J'y vois mal le comportement d'un Dieu-Père. En effet, que penser d'un père humain qui soumettrait ses fils et filles à un traitement pareil? L'enseignement de Matthieu (7,7-11) et de Luc (11,9-13) sur le comportement des pères humains face aux demandes de leurs enfants, ne va pas en ce sens. Au fond, cette conception me semble influencée par l'image de Dieu vue précédemment.

c. Bénédiction

L'expression touche au sublime. Elle semble tellement chrétienne, mystique, sainte, qu'on se sent gêné de l'analyser rigoureusement. Et pourtant, il faut bien le faire. Et il n'est pas certain qu'elle ne cache pas une subtile déformation de l'Évangile.

La Béatitude sur «ceux qui pleurent» ne doit pas être détachée de la proposition qui la suit immédiatement: «...car ils seront consolés». Pour Jésus, ce ne sont pas les larmes qui constituent le bonheur, mais le fait d'être consolé par Dieu. À une époque où l'on considère les malades et les souffrants comme des parias, des réprouvés, le Christ déclare qu'ils sont eux aussi aimés de Dieu, proches de Dieu, objets de sa bienveillance. Le sens général du Sermon sur la Montagne, d'ailleurs, n'est pas d'inviter à rechercher la pauvreté ou la souffrance, mais d'annoncer qu'une ère nouvelle est arrivée: l'ère eschatologique, où il n'y aura plus de souffrance, d'injustice, de pauvreté[28].

Dans la perspective retenue précédemment (théorie de la mission), Jésus lui-même n'a pas choisi positivement, ni demandé la souffrance, ni même couru au-devant. Il a accepté et assumé la souffrance inhérente à sa tâche, à son projet de vie, à sa mission. Sa mort ne doit pas être comprise comme une exigence quelconque du Père, ni comme une condition fixée par le Père pour consentir à pardonner aux hommes. Sa mort a été décidée par les autorités politiques et religieuses parce que son comportement et son message en faisaient à leurs yeux un déviant dangereux. Le Christ n'a pas voulu déchoir de sa mission, renoncer à son œuvre. Il a vu venir la mort, il a prévu progressivement sa fin violente; cela ne l'a pas empêché de continuer par fidélité à lui-même et à son œuvre. Il n'a pas reculé, pas plus que Gandhi ou Martin Luther King.

Dans un discours célèbre, en 1957, le pape Pie XII a donné un enseignement nuancé qui s'inscrit dans cette veine.

> Si Jésus Christ au Calvaire a refusé le vin mêlé au fiel, parce qu'il voulait en pleine conscience boire jusqu'à la lie le calice que le Père lui présentait, il s'ensuit que l'homme doit accepter et boire le calice de douleurs toutes les fois que Dieu le désire. Mais *il ne faudrait pas croire que Dieu le désire toutes les fois que se présente une souffrance à supporter*, quelles qu'en soient les causes et les circonstances[29].

La volonté de Dieu — la sainteté chrétienne — n'est pas d'endurer toutes les souffrances qui se présentent, encore moins de les rechercher et de les désirer. Ce n'est que très exceptionnellement et pour de rares êtres que l'on peut parler d'une vocation particulière à la souffrance, précise Pie XII. Et encore là faut-il voir dans quel esprit et en quelles circonstances. La sainteté n'est pas dans la souffrance, mais dans les dispositions intérieures, notamment dans la foi, la charité et l'espérance.

---

28. J. DUPONT, *Les Béatitudes* (Coll. «Études Bibliques»), Éd. refondue, Bruges, Abbaye de St-André, 3 vol., 1958-1973.

29. PIE XII, déjà cité. Voir VERSPIEREN, p. 360. (Le souligné est de l'auteur).

Sens chrétien de la souffrance

Dans le même esprit se dégage le sens chrétien de la souffrance. Celui-ci peut s'exprimer en trois propositions:

— la souffrance est un fait inhérent au monde créé par Dieu;
— elle est un mal à combattre;
— elle peut être une occasion de croissance et de sanctification.

a. *Un fait inhérent à notre monde*

La souffrance est d'abord un fait inhérent à notre monde. Elle n'est pas vraiment une conséquence du péché d'Adam; ni voulue directement par Dieu comme si Dieu se plaisait à voir souffrir ses créatures. Elle fait partie du monde créé par Dieu, c'est-à-dire premièrement un monde en évolution (cosmique, physique, biologique) où il y a forcément alors des heurts, des chocs, des cataclysmes, des maladies, des infirmités, etc.; et deuxièmement un monde de liberté où les choix des êtres humains concrets, sujets de passions diverses, peuvent occasionner (ou causer) de multiples souffrances.

b. *Un mal à combattre*

La souffrance est un mal et, en conséquence, une réalité à combattre et, d'une certaine manière, un obstacle au dessein de Dieu.

Le Royaume de Dieu ne comporte pas de souffrance. La tâche de l'homme, la tâche du chrétien est justement de faire reculer les frontières du mal et de la souffrance pour contribuer à faire advenir le Royaume.

La gloire de Dieu c'est l'homme vivant, épanoui, heureux. Dieu n'est pas jaloux du bonheur des êtres humains: il s'en réjouit, au contraire. La création est belle et exaltante quoique toujours en chantier. La mission de l'être humain, sa vocation globale, est de parfaire cette création, de la mener à terme et notamment de travailler à diminuer, sinon à supprimer le mal et la souffrance.

Quand Jésus déclare: «Il y aura toujours des pauvres parmi vous», cela ne doit pas s'entendre de manière passive et comme une fatalité, ainsi que Karl Marx l'a reproché à l'Évangile, mais comme une tâche constante offerte aux disciples: il y aura toujours quelqu'un qui aura besoin d'aide et qui m'interpellera pour travailler à faire reculer les frontières du mal.

Dans cette perspective, on comprend aisément la deuxième face de la tradition chrétienne: tout l'effort de Jésus de Nazareth pour soulager les souffrants (pauvres, malades, infirmes, exclus); tout l'effort des générations chrétiennes au cours des âges pour combattre la souffrance; et toute la créativité déployée à cet effet.

Loin de rechercher la souffrance, Jésus lui-même a parfois choisi le répis, l'évitement et il a demandé à son Père d'éloigner de lui le calice de la souffrance.

c. Une occasion de croissance

Mais le Royaume n'est pas totalement arrivé. Le monde historique (monde en évolution et monde de libertés) reste le lieu où nous habitons. La souffrance y est encore présente et le sera probablement toujours. Si elle est un mal, la première tâche du chrétien est de la prévenir, de la soulager, etc. Mais quand elle est inévitable sur notre chemin, quand elle est liée à l'accomplissement de notre tâche, quand elle est liée à la pratique du bien, à la poursuite d'une valeur importante, c'est alors qu'il faut savoir l'accepter, la faire servir positivement, c'est-à-dire en faire une occasion de croissance et de sanctification.

Les théologiens classiques, saint Thomas par exemple, avaient prévu une vertu — et une vertu chrétienne — à cet effet: la force. La vertu de force, en effet, désigne ce dynamisme en l'être humain qui lui permet d'endurer les difficultés, les obstacles, les souffrances sur son chemin, et surtout le péril de la mort, sans déchoir de sa mission. Et le vrai fort, selon Thomas d'Aquin, est l'être qui assumera cela avec facilité, constance et même sérénité. Il ne s'agit pas de désirer la souffrance, de la rechercher, mais d'être capable de l'accepter véritablement quand il en est besoin, sans être détourné du bien à pratiquer[30].

Accepter la souffrance, c'est alors lui trouver un sens, lui donner un rôle positif, en faire un tremplin, une occasion de grandir. Mais

---

30. THOMAS D'AQUIN, *Somme théologique*, 2a, 2ae, q. 123.

attention, cela ne l'empêche pas d'être d'abord un mal et un obstacle. Ce n'est que dans un deuxième temps, à un second regard, qu'on peut parler d'un sens positif de la souffrance. La nuance est importante. C'est le détour obligé pour éviter une vision doloriste (sadomasochiste) du christianisme et, de façon positive, pour retrouver le vrai sens de la Révélation chrétienne.

En rigueur de termes, cependant, ce n'est pas la souffrance qui sanctifie, comme l'explique François Varone, mais l'attitude qui la soustend: conversion, abandon à Dieu, union à Dieu, amour de Dieu.

> Quand un homme souffre, pour quelque raison que ce soit, Dieu ne se plaît pas en ce qu'il souffre mais en ce qu'à travers la souffrance, avec et malgré elle, il grandisse dans le compagnonnage avec le Christ, dans l'accueil de l'Esprit et dans la foi au Créateur fidèle, le Dieu qui engendre à la vie[31].

Et Xavier Thévenot d'expliquer: l'expression «offrir ses souffrances à Dieu» est un raccourci de langage. En réalité on n'offre pas ses souffrances, ses misères, ses maladies — toutes choses qui déplaisent à Dieu comme le montre l'attitude de Jésus dans l'Évangile — on offre sa lutte contre les forces de déshumanisation et de désespérance à l'œuvre.

> Alors la personne qui souffre a envie de laisser monter une prière d'action de grâces: «Je te bénis, Père, pour le don que tu me fais de ne pas être submergé par mes souffrances mais de trouver encore la force de croire, d'espérer et d'aimer[32]».

Aussi ce rôle positif de la souffrance n'est-il jamais automatique. La souffrance n'est pas *de soi* éducative et sanctificatrice. Elle est tout au plus une *occasion* de croissance spirituelle et religieuse, comme bien d'autres réalités de ce monde peuvent l'être. La nuance est significative. Et le pape Jean-Paul II évoque — pensez aux cinq phases d'Élizabeth Kübler-Ross — le cheminement parfois long et tourmenté par lequel passe le souffrant avant de trouver dans l'ac-

31. F. VARONE, *op. cit.*, p. 224.

32. Xavier THÉVENOT, *Souffrance, bonheur, éthique: conférences spirituelles*, Paris, Salvator, 1990, p. 28.

ceptation «la paix intérieure et même la joie spirituelle» (# 26). Cheminement long et tourmenté, qui ne se termine pas toujours de manière positive.

Une fois empreint de ce renversement de perspective, on peut essayer de montrer en quoi la souffrance peut aider la croissance de l'être humain. Dans sa lettre apostolique, Jean-Paul II énonce trois pistes de croissance possible, que je reprends et développe à ma façon.

1. La souffrance peut être occasion de progrès intérieur. Elle permet parfois à la personne atteinte de s'arrêter et de faire le point dans sa vie, de découvrir de nouvelles valeurs, de réorienter sa vie, d'y donner un nouveau sens.

2. La souffrance peut être une occasion de libérer dans l'humanité ses capacités d'aimer par le travail de compassion auprès de ceux qui souffrent. Les souffrants nous forcent (pour ainsi dire) à l'entraide, à la générosité, au désintéressement, à l'amour. Par là, elle permet de garder le sens de l'humain, c'est-à-dire le sens de l'intériorité, du don et de la gratuité, par opposition à la réduction au paraître, à l'utile, à l'égoïsme.

3. La souffrance peut être une occasion de sanctification personnelle. La croissance intérieure et la compassion peuvent être vécues d'un point de vue simplement humain. Elles peuvent aussi être expérimentées dans la foi, dans l'union à Jésus Christ. Comme tous les actes humains positifs, elles constituent alors des sources de sanctification personnelle.

*

* *

La vision exposée ne veut aucunement évacuer les affirmations traditionnelles sur le rôle sanctificateur et co-rédempteur de la souffrance. Elle les interprète et les comprend autrement. C'est une question de nuances et de perspective; mais cela n'est pas sans importance théorique et pratique.

4

REPÈRES ÉTHIQUES

La morale ou l'éthique découle directement de la conception qu'on se fait des réalités: sens de la vie, nature de la société, sens de la sexualité, sens de la souffrance. L'éthique suit l'anthropologie, l'impératif suit l'indicatif, le «tu dois» dépend du «tu es». Vous êtes filles et fils de Lumière, proclame saint Paul, agissez donc en enfant de lumière, faites des œuvres de lumière.

Dans une vision «satisfactoire» de la Rédemption, il est normal — comme il a été expliqué précédemment — que la souffrance soit considérée finalement comme un bien. Le modèle est constitué par le Christ-souffrant. L'idéal moral chrétien se ramène alors à trois points: accepter, désirer, rechercher la souffrance. Cet idéal cependant a rarement été présenté avec cette univocité. Il était tempéré par un souci concret de compassion. Le changement de compréhension de l'Incarnation rédemptrice — suggéré précédemment — permet de mieux comprendre cette pratique chrétienne et de dégager une morale plus saine.

Quatre repères permettent de présenter succinctement l'ensemble de cette morale renouvelée.

Apaisement de la douleur

L'attitude chrétienne de base consiste à faire reculer le plus possible le mal, la douleur et la souffrance en général dans le monde. La souffrance constitue en soi un handicap pour l'être humain: elle assombrit la joie de vivre, diminue la résistance, détériore les relations fraternelles et entrave le travail créateur. À la limite, rien de plus inhumain que des personnes qui se tordent de douleur.

De cette attitude découle une première règle éthique, ciselée par les moralistes au milieu du XXe siècle:

Il est conforme à l'éthique de chercher à apaiser, sinon à supprimer, la douleur,

— même s'il y a risque
  - de raccourcir la vie
  - de diminuer la conscience
  - de provoquer la tolérance et éventuellement la toxicomanie,

— en tenant compte de la proportionnalité entre les avantages et les inconvénients de l'intervention.

Cette règle appelle, il va sans dire, des applications variées et nuancées[33].

Devant une *douleur aiguë*, douleur occasionnée par un accident, une intervention chirurgicale, etc., on doit tenir compte minutieusement des effets secondaires des médicaments. L'attention doit porter en priorité sur la préservation de la qualité de vie que retrouvera le malade après l'épisode traumatique.

Dans le cas de *douleur chronique* liée à une maladie non mortelle comme l'arthrite ou la migraine, une grande prudence s'impose aussi.

Mais la situation est tout autre dans le cas de *douleur chronique liées à une maladie fatale*, particulièrement en phase terminale, quand la souffrance est un état permanent et qu'il n'y a plus d'espoir de guérison. Pourquoi avoir peur de raccourcir la vie du mourant, comme si la vie biologique éclipsait la qualité de vie, comme si la quantité de vie comptait par-dessus tout, alors que les bien portants ne s'interro-

33. Je reprends presque textuellement une page du document de l'hôpital Notre-Dame-de-la-Merci, déjà cité.

gent pas souvent sur la diminution de la longévité due à leur rythme de vie? Pourquoi avoir peur de l'accoutumance aux narcotiques chez un être qui n'a plus que quelques semaines ou quelques mois à vivre? Question d'équilibre des valeurs.

En morale catholique classique, on applique les modalités de la règle de l'acte à double effet: intention bonne, absence de lien de causalité, proportionnalité des avantages et inconvénients. C'est ce qu'a expliqué minutieusement le pape Pie XII en 1957 dans un discours célèbre aux médecins et chirurgiens sur l'utilisation des analgésiques.

> L'administration de narcotiques afin de provoquer ou de hâter la mort est illicite, parce qu'on prétend alors disposer directement de la vie. C'est un des principes fondamentaux de la morale naturelle et chrétienne que l'homme n'est pas maître et possesseur, mais seulement usufruitier de son corps et de son existence. On prétend à un droit de disposition directe toutes les fois que l'on veut l'abrègement de la vie comme fin ou comme moyen. Dans l'hypothèse que vous envisagez, il s'agit uniquement d'éviter aux patients les douleurs insupportables, par exemple en cas de cancers inopérables ou de maladies inguérissables.
>
> Si entre la narcose et l'abrègement de la vie n'existe aucun lien causal direct posé par la volonté des intéressés ou par la nature des choses, (ce qui serait le cas si la suppression de la douleur ne pouvait être obtenue que par l'abrègement de la vie), et si, au contraire l'administration de narcotiques entraîne par elle-même deux effets distincts, d'une part le soulagement des douleurs, et d'autre part l'abrègement de la vie, elle est licite; encore faut-il voir s'il y a entre ces deux effets une proportion raisonnable, et si les avantages de l'un compensent les inconvénients de l'autre. Il importe aussi d'abord de se demander si l'état actuel de la science ne permet pas d'obtenir le même résultat en employant d'autres moyens, puis de ne pas dépasser, dans l'utilisation du narcotique, les limites de ce qui est pratiquement nécessaire[34].

Quelques minutes auparavant, traitant de la souffrance en géné-

---

34. PIE XII, *op. cit.*

ral, le pape avait déclaré:

> Que des mourants aient plus que d'autres l'obligation morale naturelle ou chrétienne d'accepter la douleur ou de refuser son adoucissement, cela ne ressort ni de la nature des choses ni des sources de la Révélation[35].

La même doctrine est reprise par diverses autorités, notamment par l'épiscopat français en 1976[36] et par la Congrégation pour la doctrine de la foi en 1980[37].

La règle éthique de l'apaisement de la douleur est donc claire. Paradoxalement, cependant, grâce au développement des connaissances (notamment de la notion de douleur totale et de la mise au point de nouveaux analgésiques), le soulagement adéquat de la douleur ne raccourcit pas toujours la vie, n'induit pas l'inconscience et ne produit pas la tolérance. Dans les milieux médicaux, on cite de nombreux cas de malades chez qui l'apaisement de la douleur a permis de recommencer à s'alimenter, à être fonctionnel, et à retrouver un certain goût de vivre. «Le docteur Élizabeth Kübler-Ross a bien stigmatisé le drame que constitue dans cette situation, et particulièrement pour les cancéreux en phase terminale, la parcimonie, la bureaucratisation et l'inefficacité de la distribution routinière des analgésiques et des narcotiques[38].»

Acceptation de la souffrance

Cette première règle cependant ne remplit pas tout le champ éthique, ne résout pas tous les problèmes.

Malgré tous les efforts entrepris, il faut reconnaître qu'il y a des

---

35. PIE XII, *op. cit.*

36. «Il n'est jamais défendu d'utiliser les analgésiques pour soulager la souffrance, même si indirectement l'échéance de la mort devait en être avancée.» Note du Conseil permanent de l'épiscopat français sur l'euthanasie. Cf. *La Doc. cath.*, 1703 (1er-15 août 1976) p. 723; ou encore VERSPIEREN, p. 391ss.

37. Congrégation pour la doctrine de la foi, *Déclaration sur l'euthanasie. Cf. La Doc. cath.*, 1790 (1990) p. 697ss.; ou encore VERSPIEREN, p. 418ss.

38. Notre-Dame-de-la-Merci, *op. cit.*, p. 19. Voir aussi H. PELLETIER-BAILLARGEON et J. BAILLARGEON, «Le médecin devant la mort», dans *Le Médecin du Québec* 12/4, avril 77, p. 71-96; et 12/5, mai 77, p. 104-119.

cas de douleurs incontrôlées ou incontrôlables. Cela est dû parfois à l'insuffisance de la science. D'autres fois, la gravité des effets secondaires prévisibles ne justifient pas le recours à tel médicament ou à tel traitement analgésique. Par ailleurs, la douleur est parfois un symptôme du déséquilibre d'un organe ou d'une fonction organique et sert de moyen de diagnostic. Il ne faut donc pas chercher à l'éliminer trop vite.

Bien plus, il faut reconnaître encore qu'il existera toujours une part de souffrance dans nos vies. Vivre exige de l'effort, parfois énorme. Même aimer — qui constitue pourtant un grand bonheur — comporte sa part de souffrance. La souffrance est comme une condition de la vie. Celui qui voudrait se protéger frileusement contre toute douleur ou souffrance se condamnerait à l'impuissance et à l'apathie.

Enfin, notons que si l'on a parfois dans la tradition chrétienne exagéré l'éloge de la mortification, celle-ci n'a pas perdu toute signification, loin de là. Le renouveau théologique d'après Vatican II, notamment dans la réflexion sur le Carême, a dénoncé l'attitude malsaine (la complaisance dans la souffrance, le mépris du corps, etc.) et l'excès mortifère (flagellation, pénitences pénibles, etc.). Il n'a pas aboli la pertinence de la mortification comme moyen d'auto-discipline, comme exercice de liberté et de maîtrise de soi, un peu — pour reprendre une comparaison de saint Paul — comme les athlètes du stade s'imposent bien des efforts pour endurcir leur corps et leur volonté.

En morale chrétienne (comme il a été indiqué précédemment), on reconnaît précisément une vertu — la vertu de force — qui habilite la personne (corps et esprit) à assumer, à endurer les douleurs et souffrances inévitables à la poursuite du bien, dans l'ensemble de sa vie et notamment en face du péril de mort. Le martyr chrétien est justement celui qui a eu la force d'affronter le risque de mort (et la mort) pour ne pas se laisser détourner de sa mission.

Face à ces trois grands types de souffrance, il n'y a pas de règle éthique officielle analogue au premier énoncé. On peut cependant suggérer le repère suivant:

> **L'éthique chrétienne requiert la force d'assumer les douleurs et souffrances inhérentes à la poursuite de notre mission sur terre.**

Respect de la volonté du malade

Dans le champ de notre rapport à autrui (proches ou patients), une autre règle éthique s'impose, basée sur une valeur non encore nommée: le respect de la volonté, le respect de la liberté. «L'être humain, en effet, n'est pas un animal ou une chose dont on peut déterminer du dehors le comportement; mais une conscience qui a à choisir et à assumer librement sa destinée[39].»

Comme être humain (chrétien ou non), on peut (on doit, parfois) désirer aider notre prochain, lui faire partager nos valeurs, nos conceptions. On peut vouloir aider un autre chrétien à avoir une meilleure compréhension de la doctrine chrétienne sur la souffrance. Mais il y a des limites à ne pas franchir: on ne peut imposer, ni forcer. Cela est particulièrement vrai dans les périodes délicates comme la phase terminale ou pré-terminale de la maladie.

Il y a donc un équilibre à trouver entre le désir d'aider (l'exigence d'aider) et le respect de la conscience d'autrui. La priorité va même à la seconde partie de l'alternative. Ce qui permet de formuler la règle suivante:

> **Quelle que soit l'opinion personnelle de l'intervenant sur le sens de la souffrance, une règle éthique essentielle est de toujours respecter, en dernier ressort, la volonté du malade.**

En conséquence, comme l'indique le document de l'hôpital Notre-Dame-de-la-Merci, «si un malade, de manière consciente et libre, exprime le désir d'endurer telle quelle sa souffrance, sans atténuation ni adoucissement, cette volonté doit être respectée, même si elle apparaît à d'aucuns déraisonnable[40]».

Une seule limite expresse à cette règle existe: l'éventualité d'un tort causé aux tiers. «Si, par exemple, un malade qui refuse un analgésique dérange déraisonnablement ses voisins, on serait justifié de le mettre devant le dilemme suivant: ou il assume sans troubler la paix la conséquence de son choix ou il prend l'analgésique proposé[41].»

---

39. Notre-Dame-de-la-Merci, *op. cit.*, p. 17.
40. *Ibidem.*
41. *Ibidem.*

Une limite d'un autre ordre viendrait, non plus de ce que le malade choisit de faire, mais de ce qu'il pourrait nous demander de faire pour lui. Ainsi, si le malade nous demande de poser un acte illégal ou un acte que nous jugeons immoral (comme l'euthanasie), nous ne sommes pas tenus au respect de sa volonté, c'est-à-dire à la collaboration à ce qui nous paraît un mal.

Compétence professionnelle

Dans le champ du rapport à autrui une autre règle éthique s'impose: celle de la compétence professionnelle. La fraternité, l'entraide, la solidarité, ne se satisfont pas de simples «bonnes volontés» ou de «bonnes intentions». Elles exigent un effort de compétence et, chez l'intervenant professionnel, une réelle compétence technique.

Dans la vie en général, beaucoup de douleur et de souffrance subsistent parce qu'il n'y a pas d'entraide et de solidarité efficace. Dans le monde de l'intervention pastorale, beaucoup de souffrance perdure parce que les agents de pastorale n'ont pas la formation théologique et psychologique adéquate. Dans le monde de la santé, enfin, beaucoup de douleurs ne sont pas «contrôlées» à cause du manque de compétence professionnelle des médecins et autres intervenants de la santé. Une large gamme de moyens sont impliqués. Des moyens techniques d'abord (pharmacologiques et chirurgicaux). Des moyens moins traditionnels sont aussi à explorer: acupuncture, relaxation, etc. Compte tenu du fait que la douleur est un «concept global», la dimension psycho-affective est elle aussi importante: sont alors nécessaires une approche «empathique» du malade ou du souffrant, un support psychologique et/ou spirituel, une attention à son histoire globale, une attitude valorisante, etc.

En termes éthiques, on pourrait dire qu'un amour qui ne se donne pas de mains (d'outils) pour être efficace n'est pas authentique. D'où la règle éthique suivante:

> **La lutte adéquate contre la douleur et la souffrance exige de chacun, selon sa situation professionnelle, un effort constant de compétence globale.**

*

* *

Ces quatre règles ne représentent pas l'ensemble de la morale, voire l'ensemble de la morale chrétienne. Elles ne permettent pas, non plus, de solutionner l'ensemble des questions éthiques que pose le problème de la souffrance. Cependant elles constituent quatre repères qui permettent de couvrir quatre vecteurs complémentaires de l'activité morale du chrétien. Et pour une approche holistique de la souffrance humaine, il importe de les maintenir toutes les quatre en harmonie, et non de donner priorité à une seule.

CONCLUSION

Devant le scandale du mal, on répond souvent que la souffrance est un mystère, que Jésus Christ n'est pas venu l'expliquer; il l'a simplement pris sur lui. C'est vrai. D'où la modestie et la réserve qui s'imposent pour en parler. Comment ne pas défigurer Dieu? Comment ne pas mystifier les êtres humains?

Mais, d'un autre côté, est-on humain si l'on n'essaie pas de comprendre et d'expliquer ce qui nous concerne, y compris les réalités de la foi? Et si l'on n'essaie pas de fonder nos repères éthiques? D'où l'audace intellectuelle requise de tout chrétien, à plus forte raison, du théologien, pour repenser sa foi et sa morale.

Dans les textes bibliques, il y a évolution de la pensée. Il peut y avoir aussi des contradictions, ou, à tout le moins, des théologies diverses. Même chose pour les documents des autorités chrétiennes: papes et congrégations romaines. Parfois, d'ailleurs, le même document contient des théologies ou des conceptions diverses d'un paragraphe à l'autre. C'est ce qui justifie le type d'analyse que j'ai essayé de faire dans cet essai. Non pas, encore une fois, pour évacuer les données de la foi; mais, au contraire, pour leur redonner crédibilité, pertinence et force; particulièrement en cette époque où la gloire de Dieu ne se perçoit plus dans l'humiliation de l'humain et la dévalorisation des tâches terrestres, mais dans le respect et la promotion des personnes, ainsi que dans la valorisation de l'histoire humaine.

DEUXIÈME PARTIE

SOUFFRANCES HUMAINES ET ABSENCE DE DIEU

par Jean-François Malherbe

INTRODUCTION

La question des souffrances humaines dans son rapport avec celle de l'existence de Dieu — et de quel Dieu? — est récurrente dans la pensée occidentale. Mais la plupart du temps, le caractère concret, vécu, existentiel de ces souffrances est gommé, biffé, oublié au profit d'une opération d'abstraction consistant à formuler la question métaphysique du mal. On dépouille alors ces souffrances de leur charge affective et dramatique pour en faire un thème pour ainsi dire désincarné. L'idée du mal se substitue alors à la souffrance vécue, et l'idée de Dieu à la relation concrète que nous pouvons vivre avec lui.

Dans l'espoir d'éviter une telle abstraction, qui ne ferait pas justice à nos souffrances quotidiennes, grandes ou petites, ni d'ailleurs au vrai Dieu, je proposerais volontiers une réflexion en sept étapes:

1. Je voudrais d'abord tenter de saisir la figure du juste souffrant qui fait scandale face à un Dieu censément bon et tout-puissant.

2. Ensuite, je m'interrogerai sur le désir humain et l'impossibilité de le combler qui introduit une rupture entre le corps que nous *sommes* et le corps que nous *avons*.

3. En troisième lieu, j'envisagerai la souffrance que l'on peut rencontrer dans les institutions que nos sociétés se donnent pour la combattre à partir de la médecine: les hôpitaux.

Ces trois premiers chapitres aboutissent chacun à repérer une difficulté majeure de la pensée, une aporie, au sujet des souffrances humaines: comment concilier nos souffrances avec l'existence d'un Dieu juste, bon et tout-puissant? Comment chacun de nous peut-il unifier en soi la partie (corps qu'on a) et la globalité (corps qu'on est)? Comment la médecine peut-elle soulager la souffrance en portant tous ses efforts contre la seule douleur?

C'est sur les bases théologiques élaborées dans les trois chapitres suivants que je tenterai, dans le dernier, de rencontrer les trois apories susmentionnées.

4. Dans le quatrième chapitre, je me demande donc quel est ce Dieu dont notre souffrance met l'existence en cause.

5. En cinquième lieu, je m'interrogerai sur ce que Jésus lui-même nous enseigne à propos de tout cela: comment il a vécu sa souffrance et rencontré celle des autres.

6. Dans une sixième étape, je tenterai de préciser de quel Dieu nous parle le témoignage de Jésus.

7. Et, enfin, je m'interrogerai sur la sollicitude c'est-à-dire sur les liens de la souffrance et de la parole que nous invite à établir l'enseignement de Jésus et qui sont révélateurs du vrai Dieu.

J'espère éclairer ainsi d'un jour nouveau une question soulevée par la plupart des croyants lorsqu'ils sont affrontés au drame de la souffrance vécue par eux-mêmes ou par leurs proches mais qui, à force d'être mal posée, finit par obscurcir la foi au lieu de l'éclairer[1].

---

1. Le présent essai est composé de diverses conférences prononcées au Québec au cours de l'année universitaire 1991-1992. Je remercie l'Université catholique de Louvain de m'avoir accordé un congé sabbatique et la Faculté de théologie de l'Université de Montréal d'avoir accueilli mes recherches. Je remercie également les Facultés de théologie de l'Université Laval à Québec, l'Université de Montréal, l'Université du Québec à Chicoutimi, l'Université de Sherbrooke de m'avoir invité à prononcer ces conférences. Par ailleurs, les trois premiers chapitres constituent une version remaniée d'une conférence que j'ai faite en 1989 à Bruxelles dans le cadre d'Europalia Japon: «Pain, Suffering and the Problem of Evil. Some Aporiae of Western Thought», dans *Pain and Society*, Colloquium Europalia 89: Japan in Belgium, C. MANGAN & E. SAYERS, Commission of the European Communities, Bruxelles, 1992, p. 26-40.

1

LE SCANDALE DU JUSTE SOUFFRANT

Dans une conférence qu'il donnait en 1985 à la Faculté de théologie de l'Université de Lausanne intitulée «*Le mal, un défi à la philosophie et à la théologie*», le philosophe Paul Ricœur notait ceci: «Ce que le problème "du mal" met en question, c'est un mode de penser soumis à l'exigence de cohérence logique, c'est-à-dire à la fois de non-contradiction et de totalité systématique[2].»

En effet, les grandes philosophies et théologies occidentales ont échoué à affirmer ensemble sans contradiction, les trois énoncés suivants: Dieu est tout-puissant; Dieu est absolument bon; le mal existe.

Face au scandale du juste souffrant, plusieurs théologiens et philosophes préoccupés de formuler une doctrine de la divinité adoptent un préjugé commun selon lequel toute souffrance est méritée parce qu'elle est la punition d'une faute individuelle ou collective, connue ou inconnue. C'est le préjugé de la *rétribution* dont on trouve de

---

2. Paul RICŒUR, *Le mal, un défi à la philosophie et à la théologie*, Genève, Labor Fides, 1986, p. 13.

multiples expressions dans la littérature biblique. Bien qu'il ait été très largement partagé, ce préjugé n'a jamais fait l'unanimité. Il s'est trouvé, à chaque époque, des esprits forts qui l'ont critiqué. Témoins parmi d'autres, l'auteur du Livre de Job et le quatrième évangéliste, notamment dans le récit de la guérison de l'aveugle-né.

Après avoir crié au ciel sa révolte contre Dieu qui accable de tous les maux son fidèle serviteur, Job se tait longuement puis proclame qu'il s'est fourvoyé, qu'il a parlé de réalités inaccessibles à sa science, que sa plainte, toute justifiée qu'elle soit, est sans commune mesure avec la grandeur de Dieu. Il reste alors dans ce déchirement entre sa révolte et la conscience qu'il a prise de l'infinité divine; mais jamais il ne cède aux discours de ses amis qui le pressent d'avouer la faute cachée qui expliquerait ses malheurs[3].

Et Jean l'Évangéliste, comme en écho à Job, met dans la bouche de Jésus cette réponse énigmatique à la question de ses disciples qui lui demandaient, en présence d'un aveugle-né, si c'est ce dernier ou ses parents qui avaient péché pour qu'il soit né aveugle: «ce n'est ni lui ni ses parents, c'est pour que soit manifesté le travail de Dieu en lui[4]», leur répondit le Fils de l'Homme. On y reviendra au chapitre 5.

Il ne convient donc pas d'enfermer la foi judéo-chrétienne dans le préjugé de la rétribution même s'il faut reconnaître que la plupart des penseurs de cette tradition semblent l'accepter.

Ainsi, par exemple, Augustin d'Hippone qui, à l'opposé des gnostiques, déniait toute substantialité au mal, n'a pu rencontrer le problème du mal qu'en empruntant aux philosophes néo-platoniciens la perspective selon laquelle le créateur et la créature se distinguent comme la *plénitude* et la *déficience.* Dès lors qu'on les conçoit comme déficientes, on peut comprendre que les créatures s'éloignent de la plénitude divine et inclinent vers le néant. Mais il faut alors rendre compte de l'origine de cette déficience: c'est le thème théologique de la chute, du péché originel[5]. C'est une première faute humaine qui

---

3. E. WIESEL et J. EISENBERG, *Job ou Dieu dans la tempête,* Paris, Fayard-Verdier, 1986.

4. *Jn* 9.

5. Péché originel: l'Église enseigne que chaque homme, en vertu d'une solidarité mystérieuse qui le relie au premier couple dont il descend, naît dans un état de

nous aurait précipités dans la déficience. Celle-ci se transmet de génération en génération comme une tare, par le mécanisme d'une sorte d'hérédité spirituelle conçue sur le modèle biologique. Dans cette vision morale du mal, le scandale du juste souffrant disparaît puisque toute souffrance est soit péché soit châtiment. Le prix à payer pour mettre en place une telle solution me paraît toutefois excessif, car cette vision morale du mal implique une conception pénale de l'histoire et, par conséquent, une notion judiciaire de Dieu qu'on aurait bien du mal à fonder sur les Écritures néo-testamentaires puisque, aussi bien Jésus lui-même la récusait formellement[6].

C'est Anselme de Canterbury qui donnera à cette théologie légaliste sa forme la plus achevée[7]: sa théologie de la «satisfaction vicaire» ne voit-elle pas, en effet, dans l'incarnation et la mort de Dieu en Jésus Christ la seule réparation possible de la faute commise contre Dieu, la seule possibilité de lui donner satisfaction. Seul un «réparateur» infini pourra fournir une satisfaction infinie. C'est pourquoi le réparateur ne peut être un simple homme, mais doit être un vicaire infini de l'humanité. Dieu le Fils mort sur la croix donne à Dieu le Père «satisfaction vicaire» pour la faute commise par l'humanité contre son créateur infini. Comme je l'ai indiqué déjà, Jésus lui-même récusait cette algèbre pénale lorsqu'il critiquait le légalisme des docteurs de la Loi. J'y reviendrai au chapitre 6.

Certes, la doctrine du péché originel n'est pas dépourvue d'attraits. Comme le remarque Paul Ricœur, «cette proposition recueille un aspect fondamental de l'expérience du mal, à savoir l'expérience à la fois individuelle et communautaire de l'impuissance de l'homme face à la puissance démoniaque d'un mal déjà là, avant toute initiative mauvaise assignable à quelque intention délibérée[8]».

Il n'en reste pas moins que l'énigme du mal est ainsi placée dans la clarté fallacieuse du concept de péché originel mêlant deux notions

---

déchéance et de culpabilité, causé en lui par la faute du chef du genre humain. L'expression de «péché originel» exprime cette croyance: on l'emploie pour signifier, soit la faute même de nos parents, soit l'état de déchéance et de péché consécutif à cette faute et qui s'étend à la nature humaine toute entière.

6. *Lc* 6,36; 15; *Mc* 5,19; *Jn* 3,16; 16,27.

7. Saint ANSELME, *Cur Deus Homo*? (traité sur l'Incarnation).

8. Paul RICŒUR, *op. cit.*, p. 25.

hétérogènes voire contradictoires: celles d'un péché à la fois transmis par la génération biologique et imputable personnellement. Augustin n'a fait finalement que déplacer la difficulté en substituant l'aporie du péché originel à celle de l'existence simultanée du mal et d'un Dieu bon et tout-puissant.

C'est à Leibniz qu'il appartient d'avoir formulé dans toute sa splendeur une théodicée[9] qui reste «le fleuron de l'onto-théologie[10]». Ce n'est pas dans une perspective de rétribution que Leibniz aborde le problème du mal. Tout d'abord, il prend en considération non seulement le mal moral, mais encore la souffrance et la mort regroupées sous la notion de *mal métaphysique*, qu'il définit comme la déficience de tout être créé s'il est vrai que Dieu ne peut créer d'autre Dieu mais seulement des êtres moins parfaits que lui. Ensuite Leibniz introduit une sorte de principe de «minimax» selon lequel parmi l'ensemble des mondes logiquement possibles (et par définition tous plus ou moins imparfaits), Dieu n'a pu créer que celui qui combinait le moins d'imperfections et le plus de perfections. Ainsi, Leibniz considère-t-il que notre monde ne peut pas ne pas être le meilleur des mondes possibles. Notre monde aurait donc fait l'objet d'un vaste calcul dans l'entendement divin. Le mal que nous éprouvons ou observons n'est jamais alors que la conséquence du fait que le monde est distinct de Dieu et donc imparfait. Toute imperfection est, par hypothèse, largement contrebalancée par une perfection, même si celle-ci reste inaperçue. La balance du bien et du mal ne peut être que favorable en définitive, puisque notre monde concret est nécessairement le meilleur possible.

Pour grandiose que soit la spéculation leibnizienne, elle ne résiste pas au cri de révolte du juste souffrant. Il faudrait en effet aux hommes un optimisme démesuré pour admettre que leur souffrance

---

9. Théodicée: «On n'a le droit de parler de théodicée que: a) lorsque l'énoncé du problème du mal repose sur des propositions visant à l'univocité; c'est le cas de trois assertions généralement considérées: Dieu est tout-puissant, sa bonté est infinie; le mal existe; b) lorsque le de l'argumentation est clairement apologétique: Dieu n'est pas responsable du mal; c) lorsque les *moyens* employés sont censés satisfaire à la logique de non-contradiction et de totalisation systématique [...]. La théocidée, au sens strict, est le fleuron de l'onto-théologie.» Paul RICŒUR, *op. cit.*, p. 26.

10. Paul RICŒUR, *op. cit.*, p. 26.

n'est que la partie visible d'un monde dont la bonté invisible compense largement les imperfections. Ce n'est pas seulement le Candide de Voltaire qui raille la construction leibnizienne après le tremblement de terre de Lisbonne[11], c'est la conscience de tout un chacun qui résiste à ce calcul qui semble faire fi de chaque souffrance concrètement vécue par l'un de nous. L'algèbre leibnizienne, pas plus que l'augustinienne, n'a jamais consolé aucun d'entre nous de la moindre de ses souffrances. Il faut cependant rendre justice à Leibniz qui a perçu, à sa manière, l'une des dimensions mystiques de la question du mal, à savoir que notre intelligence humaine n'est pas suffisamment équipée pour y répondre concrètement, puisque aussi bien il concédait qu'un entendement fini ne peut accéder aux données du grandiose calcul divin. Quoi qu'il en soit, je rejoins Paul Ricœur pour estimer que «c'est encore une fois la lamentation, la plainte du juste souffrant, qui ruine la notion d'une compensation du mal par le bien, comme elle avait jadis ruiné l'idée de rétribution[12]».

Emmanuel Kant reconnaît d'emblée qu'«il n'existe pas pour nous de raison compréhensible pour savoir d'où le mal moral aurait pu tout d'abord nous venir[13]». Nul recours chez lui à des schémas juridiques ou statistiques pour conférer au *mal radical* une intelligibilité qui serait de toute façon fallacieuse. Le mal radical n'est pour lui que «la maxime suprême qui sert de fondement subjectif à toutes les maximes mauvaises de notre libre arbitre[14]» et sa raison d'être reste inscrutable. Kant est sans doute, des philosophes de la pensée occidentale, celui qui a le mieux évité de transgresser les limites de la connaissance tout en ne méconnaissant pas le problème. La théodicée tombe sous la rubrique de l'illusion transcendantale, mais la question du mal radical n'en prend que plus de consistance, car il est reconnu qu'elle tombe dans la sphère pratique où elle apparaît comme la provocation la plus

11. «Je demande très humblement pardon à votre Excellence, répondit Pangloss encore plus poliment, car la chute de l'homme et la malédiction entraient nécessairement dans le meilleur des mondes possibles.» VOLTAIRE, *Candide, Romans et Contes,* Paris, Bibliothèque de la Pléiade, 1967, p. 161.

12. Paul RICŒUR, *op. cit.*, p. 28.

13. Emmanuel KANT, *La religion dans les limites de la simple raison*, trad. de l'allemand par J. Trullard, Paris, 1841, p. 54.

14. Paul RICŒUR, *op. cit.*, p. 29.

radicale à circonscrire ce qui ne devrait pas être, et que l'action se doit de combattre avec la dernière détermination, sous peine de perdre sa rationalité.

En dépit de la lucidité kantienne, la pensée spéculative n'a pas désarmé face au problème du mal. Témoin remarquable parmi quantité d'autres: l'hégélianisme et son mode de pensée dialectique dynamisé par la négativité. «La négativité, écrit P. Ricœur, à propos de Hegel, est, à tous les niveaux, ce qui contraint chaque figure de l'esprit à se renverser dans son contraire et à engendrer une nouvelle figure qui tout à la fois supprime et conserve la précédente, selon le sens double de l'*Aufhebung*[15] hégélienne. La dialectique fait ainsi coïncider en toutes choses le tragique et le logique: il faut que quelque chose meure pour que quelque chose de plus grand naisse. En ce sens, le malheur est partout, mais partout dépassé, dans la mesure où la réconciliation l'emporte toujours sur le déchirement[16].»

Cette «solution» dialectique du problème du mal me semble procéder du même robuste optimisme qui sous-tendait déjà la spéculation leibnizienne et j'avoue qu'elle ne me paraît pas résister davantage au cri d'indignation du juste souffrant. Ici encore je rejoins Paul Ricœur lorsqu'il demande «quel sort en effet est réservé à la souffrance des victimes dans une vision du monde où le pantragisme est sans cesse récupéré dans le panlogisme[17]?»

La souffrance concrète, vécue, est toujours exclue en définitive d'un système spéculatif qui prétend *expliquer* le mal.

Bref, la spéculation théologique et philosophique, lorsqu'elle endosse le projet d'une théodicée, se heurte à une aporie fondamentale de l'existence humaine: la difficulté de penser rationnellement à la fois l'existence du mal figurée par la souffrance du juste et la bonté toute-puissante de Dieu. La perfection divine et la souffrance humaine semblent s'exclure mutuellement dans l'espace de la pensée

---

15. *Aufhebung* < *aufgehoben:* sursumer. Ce néologisme inventé par P.J. Labarrière et G. Jarczyk (dans Hegel, *Science de la logique*, tome I, Paris, Aubier-Montaigne, 1981, p. 38) désigne le même mouvement, propre à la dialectique, de «supprimer-conserver-élever».

16. Paul RICŒUR, *op. cit.*, p. 30.

17. Paul RICŒUR, *op. cit.*, p. 32.

spéculative. On comprend dès lors que nombre de penseurs, mieux assurés de la souffrance des hommes que de la perfection de Dieu, aient conclu à l'athéisme. Ce n'est pas, toutefois, la seule conclusion possible, comme en témoigne la modestie du criticisme kantien. Certains esprits, dont l'audace n'a d'égale que les paradoxes, ont, en effet, tenté d'affronter le mal plutôt que de s'épuiser à le vouloir penser.

Maître Eckhart est l'un d'eux, qui enseignait sereinement que: «La souffrance est le plus rapide coursier vers la perfection[18].»

Il entendait par là que la souffrance vécue par l'homme est mieux assurée de sa propre réalité que notre pensée spéculative et que les catégories sous lesquelles elle tente de penser Dieu. Si nous ne pouvons pas penser à la fois notre souffrance et l'existence d'un Dieu infiniment bon et tout-puissant, c'est peut-être tout simplement que Dieu ne se laisse pas appréhender par nos système catégoriels.

Eckhart remarquait que ceux qui disent que Dieu est bon énoncent une absurdité aussi manifeste que s'ils disaient que le soleil est noir[19]. Non, écrivait-il, Dieu n'est pas bon. Moi je suis bon. Je suis meilleur que Dieu car Dieu est au-delà de la négation infinie de nos finitudes. La bonté, enseignait-il, est un vêtement sous lequel nous cachons Dieu[20]. *Nous ne pouvons pas penser Dieu et notre souffrance, mais cela n'implique nullement que notre souffrance ne puisse être vécue comme la déchirure des vêtements sous lesquels nous nous cachons en en revêtant Dieu.* Cette *aporie théologique* de la souffrance me paraît devoir être confrontée pour elle-même. Mais elle s'inscrit dans un faisceau de convergences aporétiques dont il convient de poursuivre l'exploration.

---

18. Maître ECKHART, *Œuvres: Sermons, Traités*, traduits de l'allemand par P. Petit, préface de Jean-Pierre Lombard, Paris, Gallimard, 1942. *Cf.* également notre ouvrage à paraître: *Souffrir Dieu, la prédication allemande de Maître Eckhart*, Paris, Cerf, 1992.

19. *ID.*, p. 125.

20. *ID.*, p. 127.

2

L'IMPOSSIBLE TOTALISATION DE L'HUMAIN

Déjà le vieil Aristote avait étudié la question de la recherche du plaisir et du bonheur. Il remarquait dans la *Politique* que «La nature du désir est d'être sans bornes (*apeiron*) et la plupart des hommes ne vivent que pour le combler[21].»

Le plaisir, observait-il, est ce qui apparaît à l'humain comme ce qui serait le plus susceptible de combler cet infini du désir. Le plaisir termine et parachève une activité humaine, il est le signe d'un accomplissement, d'une totalisation. Dans l'instant où il survient, le plaisir ne laisse place à aucun sentiment de satisfaction. Il sature un manque. Il accomplit un comblement. Il est totalisant.

Mais le plaisir, précisément parce qu'il est totalisant, comporte un risque d'illusion. C'est que le désir toujours renaît de ses cendres et que le plaisir, lorsqu'il est absolutisé, lorsqu'il est pris pour unique fin de l'action, devient totalitaire: comblement illusoire dont le caractère illusoire est dénié.

---

21. ARISTOTE, *Politique*, II 7, 1267b 3-5.

La part inévitable de souffrance que comporte toute existence humaine paraît précisément liée à cette renaissance perpétuelle du désir dans la frustration du bonheur. Même si nous le dénions, surtout si nous le dénions farouchement, notre souffrance est le symptôme d'un manque de justesse dans notre rapport au plaisir ou, pour le dire autrement, dans le rapport que nous vivons entre le corps que nous sommes et le corps que nous avons. La souffrance naît, notamment, de cette erreur pratique qui consiste à prendre pour fin ce qui n'est qu'une anticipation médiatrice, c'est-à-dire à réduire le corps que nous sommes au corps que nous avons.

Le bonheur, c'est comme un plaisir dont ne renaîtrait pas le désir, comme un plaisir sans souffrance. Le bonheur, c'est le comblement absolu de l'indéfini du désir, c'est l'harmonie du corps que nous avons avec le corps que nous sommes.

C'est pourquoi le plaisir et le bonheur apparaissent comme difficiles à concilier dans la vie morale. La recherche du plaisir apparaît à beaucoup de moralistes comme une fausse voie vers le bonheur, justement parce que le plaisir est pour ainsi dire instantané, fugitif et provisoire tandis que le bonheur apparaît comme porté par l'éternité. Dès lors, la plupart des morales consistent à dénoncer l'illusion de trouver le bonheur dans le plaisir.

Mais à y réfléchir de plus près, on s'aperçoit que ce n'est pas tant le plaisir en lui-même qui entrave la recherche du bonheur, que notre attachement à l'illusion qu'il fait naître en nous d'avoir atteint (fugitivement, voilà le paradoxe) l'éternité. C'est lorsqu'il est pris comme fin de l'agir que le plaisir nous conduit droit dans l'illusion la plus tenace. Si, par contre, il est vécu comme simple anticipation, comme préfiguration, comme avant-goût du bonheur, son caractère fugitif, loin de faire obstacle à la recherche du bonheur, la soutient.

L'antinomie du plaisir (notamment sexuel) et du bonheur est d'ordre essentiellement anthropologique. Elle est liée au fait que l'humain ne peut se donner à lui-même le bonheur, mais seulement le recevoir de l'autre, sexuellement dans la différence anthropologique des sexes, religieusement dans la différence ontologique qui nourrit le comblement mystique.

Saint Augustin ne disait-il pas que «Le péché est l'imitation perverse de Dieu[22]?»

Entendons que le péché consiste à croire pouvoir se combler soi-même. D'où le lien entre péché et souffrance. En effet, ce narcissisme consiste notamment à se fermer sur soi et à réduire l'autre à l'objet de mon plaisir. Tandis que l'accueil de l'altérité dans sa différence est précisément le contraire du péché, à savoir la vertu.

Le plaisir, finalement, lorsqu'il est vécu et partagé comme anticipation du bonheur, loin d'être un leurre, consiste à recevoir d'autrui ce qu'on ne saurait qu'illusoirement prétendre se donner à soi-même.

La seconde aporie majeure qui traverse la problématique du mal dans la pensée occidentale est l'*aporie anthropologique* que je définirai ainsi: *l'homme à la recherche de son identité se découvre toujours déjà déchiré par l'intotalisable tension qui oppose le corps qu'il a au corps qu'il est, son plaisir à son bonheur.* Cette tension, éminemment actuelle, pousse ses racines dans des problématiques très anciennes qui constituent l'une face à l'autre les deux pôles de son origine.

Qu'elle s'en réjouisse ou s'en plaigne, la pensée occidentale est, en effet, l'héritière à la fois des Grecs et des Hébreux. Ce double héritage constitue à la fois sa richesse, qui est immense; et ses limites qui sont sévères. De la Grèce, l'Occident a reçu en partage un dualisme idéaliste dont, en dépit d'efforts répétés, il n'a pu encore se départir. De l'antique peuple biblique, il a hérité un sens profond de l'unité de l'homme qui sous-tend toutes ses protestations à l'encontre des dysharmonies dont il souffre. De cette tension, nulle problématique n'est plus significative que celle du corps.

L'ambiguïté radicale de la problématique du corps se reflète de façon très claire dans l'opposition de l'être et de l'avoir. L'homme occidental éprouve posséder, au moins partiellement, le corps qu'il *a*. Son corps lui est un instrument plus ou moins docile que par ailleurs il habite sans pour autant pouvoir se départir de cette habitation.

Le modèle grec du corps culmine chez René Descartes qui le considère comme une machine composée de pièces formant ensemble

---

22. AUGUSTIN, *Confessions*, II, IV, 1,4 P.L., 32, 681, trad. Labriolle.

un mécanisme, complexe certes, mais analysable en parties distinctes plus ou moins autonomes dont le plus ou moins bon fonctionnement concourt à la qualité d'ensemble. Certes, tous les penseurs grecs n'étaient pas dualistes au sens où j'entends ici ce terme. Aristote ne pense pas comme Platon ni comme les néo-platoniciens qui l'ont suivi. Mais c'est le dualisme platonicien qui imprègne notre pensée ordinaire. Les perspectives d'Aristote sont restées confinées dans les discours techniques des philosophes. C'est une version populaire du platonisme qui sous-tend notre langage quotidien. Qu'on en juge.

Platon n'écrivait-il pas dans ses dialogues: «Le corps est un tombeau[23]», entendons le tombeau de l'âme. «Aussi longtemps que nous aurons notre âme pétrie avec cette chose mauvaise (le corps), jamais nous ne possèderons en suffisance l'objet de notre désir[24].»

Il recommandait d'ailleurs de «mettre le plus possible l'âme à part du corps, (de) l'habituer à se ramener, à se ramasser sur elle-même en partant de chacun des points du corps, à vivre autant qu'elle peut... isolée et par elle-même entièrement détachée du corps comme si elle l'était de ses liens[25].»

Pour le maître d'Aristote, le corps n'est finalement qu'une limitation contingente imposée à l'âme pendant sa vie au domaine des mortels et dont il convient de se dégager autant que possible pour que l'âme puisse répondre à sa véritable vocation qui est la pure contemplation des Idées. La mort est donc pour le philosophe la libération suprême de l'âme, car l'homme corporel porte en lui un principe divin et éternel, l'âme, qu'il doit libérer du corps matériel et périssable en le réduisant à presque rien par une purification ascétique. «L'âme est dans le corps comme dans une prison[26].»

Le propre du dualisme platonicien de l'âme et du corps est de penser deux réalités là où d'autres cultures, l'hébraïque par exemple, n'en saisissent qu'une seule. Platon fait du corps quelque chose d'autre que l'homme, un corps étranger, pour ainsi dire.

---

23. PLATON, *Gorgias*, 493 a.
24. PLATON, *Phédon*, 66 b.
25. *ID.*, *Phédon*, 67 c.
26. PLATON, *Phédon*, 33 c.

Relayé par Plotin et Augustin, le dualisme platonicien a trouvé une nouvelle figure dans la philosophie cartésienne. Ici encore, il ne s'agit pas de réduire le cartésianisme à une figure schématique; il n'empêche que notre vision quotidienne des choses est profondément marquée par ce que Sartre appelait le «cartésianisme baladeur». C'est bien René Descartes et non Monsieur de la Palisse qui écrivait: «Je me considérais premièrement comme ayant un visage, des mains, des bras, et toute cette machine composée d'os et de chair, telle qu'elle paraît en un cadavre, laquelle je désignai par le nom de corps[27].»

Le dualisme cartésien n'est pas celui de Platon. Le clivage des Idées et du concret cède le pas à l'opposition de la chose pensante et de la chose étendue. Le corps est une machine; la pensée s'affirme autonome à l'égard de sa condition corporelle. Dans le «Je pense donc je suis», le *Je* qui pense se donne immédiatement à lui-même dans la transparence de l'aperception. Il a le pouvoir de se libérer de sa gangue sensorielle. Dans cette perspective, mon corps n'est pas vraiment moi. Cet aspect du cartésianisme est quasi transparent. Descartes n'écrivait-il pas aussi que «Le corps de l'homme "vivant" diffère autant de celui d'un homme mort, que fait une montre lorsqu'elle est montée ... et la même montre lorsqu'elle est rompue[28].»

Cette comparaison significative peut être considérée comme l'expression imagée de la philosophie qui fut à la fois le témoin et l'agent de la révolution scientifique du XVIIe siècle. On critiquera à loisir le dualisme cartésien. Il reste que la machine n'est pas méprisable. Elle représente un circuit systématique d'énergie et son fonctionnement obéit à des lois mathématiques. «Le corps est une montre», entendons: une machine dont le fonctionnement s'inscrit d'emblée dans le temps objectif. Dès qu'on a pu le penser de cette manière inédite, le corps s'est donné à l'investigation scientifique. La médecine et la biologie, notamment, se sont transformées complètement depuis qu'elles ont appris à penser le corps humain comme une horloge qu'on peut démonter et remonter presque à loisir. Ces sciences biomédicales en sont venues à se construire un modèle

27. René DESCARTES, *Méditations*, Œuvres et lettres de Descartes, La Pléiade, Paris, Gallimard, 1952.

28. *ID.*, *Les passions de l'âme*, *op. cit.*, p. 679.

cybernétique du corps qui a présidé à leur considérable essor actuel. Il conviendra de revenir sur ce point dans la troisième partie de cet essai, consacrée à l'objectivation, par les sciences du corps humain, de la subjectivité de la souffrance vécue. On mesurera mieux alors la véritable répression dont est victime la subjectivité vécue dans les démarches marquées par le cartésianisme.

La pensée du corps n'est pas thématisée comme telle dans la culture hébraïque. Quelques touches affleurent çà et là dans la littérature biblique, dans les *Psaumes* ou les écrits sapientiaux, notamment. Il faut donc la reconstituer à partir d'une analyse linguistique et littéraire des anciens textes hébreux. Ce travail difficile mais d'un intérêt exceptionnel a été mené à bien il y a 70 ans déjà par Édouard Dhorme à qui l'on doit aussi une grande partie de la traduction française de la Bible hébraïque publiée dans La Pléiade. Dans un ouvrage érudit consacré à l'étude de *L'emploi métaphorique des noms de parties du corps en hébreu et en accadien*[29], le grand hébraïsant a assemblé une véritable mosaïque d'extraits bibliques qui dessinent une pensée du corps tout à fait originale.

Les deux racines hébraïques majeures qui servent de pivot au réseau sémantique qui véhicule la pensée biblique du corps sont *ruah* et *bâsâr*, le souffle et la chair. À première vue, ce dyptique pourrait suggérer l'idée d'une modalité originale du dualisme. En réalité, il n'en est rien et, si l'on se donne la peine de ne pas projeter le schéma grec qui nous est plus familier sur le lexique hébreu, on s'aperçoit de la spécificité et de l'originalité de ce dernier qui est sans conteste d'exprimer une vision globale et dynamique du corps et non un dualisme statique à la manière de Platon, des néo-platoniciens ou de Descartes.

Pour la Bible hébraïque, un être humain est une chair insufflée, un souffle charnel. La chair privée de souffle, le cadavre, est un tas de poussière; et le souffle privé de chair n'est plus qu'une ombre. Poussière et ombre ne sont pas des composants de l'être humain, ils n'ont pas d'existence séparée. Une ombre qui n'est plus ombre de quelque chose n'est plus rien. Une poussière qui n'est plus poussière de

29. Édouard DHORME, *L'emploi métaphorique des noms de parties du corps en hébreu et en accadien*, Revue biblique, Paris, 1920-1923.

quelque chose n'est plus rien. Ombre et poussière n'existeraient pas en soi. Hors de cette relation d'enveloppement mutuel qui les lient l'un à l'autre, la chair et le souffle n'existent plus.

Dans cette perspective, l'être humain est vécu comme globalité dynamique et indivise. Mon corps, c'est moi. Globalité dynamique, le corps dans la pensée hébraïque est structuré par l'espace de la relation à autrui. Trois axes majeurs dessinent cette structuration: la parole, l'action, la vérité et le mensonge. Les mots hébreux qui désignent les parties du corps s'organisent en réseau autour de ces trois pôles. La langue, la bouche, les lèvres, les dents, les oreilles s'inscrivent dans l'axe de la parole échangée. Les mains, les doigts, les poignets, les bras, les jambes et les pieds dans le registre de l'action. Les yeux, le cœur et les reins dans l'axe de la vérité et du mensonge. Aucun de ces éléments n'a d'existence isolée et les métonymies sont légion, le tout désignant la partie ou la partie le tout, selon les contextes.

Comme le note très justement Claude Tresmontant dans son *Essai sur la pensée hébraïque*[30], en hébreu, le mot «corps» n'existe pas. Le corps n'est pas pour les Hébreux cette guenille que méprisait Platon et dont il voulait débarrasser l'âme. Quand les Hébreux voulaient parler du corps vivant, de celui que Dieu avait formé dans le sein maternel, le mot qu'ils employaient était *bâsâr,* la chair. L'expression «toute chair» signifiait d'ailleurs pour eux tous les êtres humains. Bref, pour les dualistes gréco-cartésiens, nous *avons* un corps tandis que, pour la pensée hébraïque, nous *sommes* une chair insufflée, un souffle incarné.

Il n'est d'ailleurs pas sans intérêt de remarquer que ces deux modèles anthropologiques distincts sont liés à deux conceptions très différentes elles aussi du bien et du mal. Pour les Grecs, le mal, c'est la chair. Pour les Hébreux, la chair c'est l'existence et le mal c'est le mensonge. Pour les Grecs, le bien, c'est la libération à l'égard de la condition charnelle; pour les Hébreux, le bien, ce sont les yeux qui parlent comme le cœur: la vérité. La cause du malheur des hommes, c'est pour les Grecs, le corps, pour les Hébreux, le mensonge. On voit que la pensée chrétienne vulgaire a contracté une dette bien plus con-

30. Claude TRESMONTANT, *Essai sur la pensée hébraïque*, Paris, Éd. du Cerf, 1953.

sidérable à l'égard des Grecs que des Hébreux. Triste avatar historique qui mena les chrétiens à mépriser la chair en croyant vivre sans mensonge une religion de l'incarnation!

Dans sa pensée du corps, notre culture occidentale connaît une aporie. Elle est imprégnée à la fois du machinisme cartésien et du globalisme dynamique hébreux. Ces deux registres antinomiques voisinent dans notre langage ordinaire. Le premier sous-tend la fascination qu'exercent sur nous les réussites des manipulations médicales des corps que nous *avons*. La seconde dicte notre profonde résistance à voir manipuler le corps que nous *sommes*. La pseudo-distinction évoquée au début de ces pages entre *douleur* et *souffrance* s'inscrit d'ailleurs dans la perspective de cette hétérogénéité.

Mais ces deux sources de notre pensée du corps, pour hétérogènes qu'elles soient l'une face à l'autre, ne sont-elles pas pourtant articulables l'une à l'autre ? Je le pense, car, bien avant la psychanalyse freudienne, il s'est trouvé des courants de pensée, à vrai dire minoritaires et parfois même proprement qualifiés d'hérétiques, pour estimer que le vrai rapport de la chair et de l'esprit n'est pas celui qu'on pense. C'est ainsi d'ailleurs qu'un Maître Eckhart pouvait prêcher à ses auditeurs un total détachement à l'égard du corps qu'ils *ont*, en vue de sa transfiguration dans le corps qu'ils *sont*[31].

C'est, disait-il, dans la coïncidence en l'homme de son être intérieur (le corps qu'il est) et de son être extérieur (le corps qu'il a) que s'ouvre la voie vers une véritable assomption de la souffrance vécue comme symptôme de notre dualité native[32]. Ici, de nouveau, la souffrance est confrontée en face dans le travail d'un détachement transfigurateur qui sait son but hors d'atteinte mais connaît la joie des étapes qui y tendent. Ce n'est pas, en effet, parce que l'unité réalisée est hors de portée que le travail d'unification est dépourvu de sens. Mais il est clair qu'une telle conviction ne peut voir le jour sous un horizon obscurci par une antinomie restée innommée et réputée innommable.

En définitive, les tentatives anthropologiques de penser le problème du mal, de la souffrance et de la douleur sont prises en tenaille

---

31. Maître ECKHART, *op. cit.*, p. 113.
32. *ID.*, p. 52 et 204.

entre deux paradigmes du corps humain concevant celui-ci respectivement comme obstacle à la transparence de l'âme et comme espace de signifiance intersubjective. Et l'antinomie de ces deux notions semble rendre hasardeuse et précaire toute intention de les articuler l'une à l'autre. Cette seconde aporie, que je qualifie d'anthropologique, a été le plus souvent ignorée, négligée, voire déniée. Ce n'est pourtant que de la rencontrer en face qui devrait permettre de n'en être plus prisonnier.

3

LE DÉNI DE LA PAROLE

Les sciences biomédicales qui sous-tendent toute la problématique de la médecine contemporaine envisagent leur objet sous les traits d'un système. Elles effectuent une réduction de l'être humain au système organique qui en constitue le support matériel. Selon cette approche méthodologique, l'être humain et ses parties sont considérés comme *isolables* de leur contexte, c'est-à-dire notamment des systèmes avec lesquels ils se trouvent en interaction. Ainsi, par exemple, le système circulatoire est considéré comme séparé, distinct, différent du système respiratoire ou du système nerveux. Il est aussi considéré comme *décomposable* en sous-systèmes. Ainsi le sang, par exemple, peut-il être considéré comme un système indépendamment du cœur. Mais tous deux s'emboîtent comme des sous-systèmes dans le système respiratoire. Par rapport au sang, les globules rouges, par exemple forment également un sous-système.

C'est par hypothèse méthodologique que l'on considère qu'un système est toujours emboîté dans un autre et qu'inversement, d'autres viennent s'emboîter en lui. Un système est encore considéré comme *évoluant* au cours du temps. Le système circulatoire se développe au cours de l'embryogenèse et se détériore au cours du vieillissement de l'organisme ou de certaines maladies particulières comme l'artériosclérose ou l'infarctus du myocarde. Mais chaque étape de l'évolution d'un système peut être caractérisée par un *état.* L'état d'un système à un moment donné comprend toute l'information dont on dispose à son sujet à l'instant considéré. La mesure de la pression artérielle ou du pouls, par exemple, est un élément de l'état du système circulatoire de tel organisme à tel moment. Étudier un système consiste à le décrire en ses moments successifs et à tenter de formuler les lois auxquelles il obéit. Si ces dernières sont correctement énoncées, elles permettent de prévoir l'évolution du système en fonction des paramètres qui, à chaque instant, déterminent cet état. Sans cet ensemble d'hypothèses méthodologiques, il serait impossible de connaître le fonctionnement d'un système.

En considérant l'être humain comme un système, les sciences biomédicales, et la physiopathologie en particulier, se sont ménagé la voie de l'opération avec ce système puisqu'elles peuvent en prévoir l'évolution en fonction de la variation des paramètres qui le définissent. Cette conquête méthodologique, fruit du dualisme cartésien, s'est avérée d'une portée considérable qu'il n'entre pas dans mon intention de dénigrer. Mais l'opérativité ainsi acquise se paie à grands frais, car elle a réduit l'être humain à une machine cybernétique. Elle l'a abstrait de son histoire particulière, de sa subjectivité propre, de son existence vécue.

L'objectivation de l'être humain par les sciences biomédicales consiste à mettre entre parenthèses certains aspects du sujet pour en mettre d'autres en évidence. Le temps mesurable est abstrait de la durée; la géométrie de l'espace qualitatif; l'entropie de l'organisme; le vieillissement de la personne; le métabolisme biologique de l'existence personnelle. Bref, les sciences biomédicales découpent la chair humaine pour en extraire une abstraction nommée machine cybernétique. L'objectivité de l'observation est mise en évidence au prix de la mise entre parenthèses de l'auto-compréhension du sujet. Les déterminismes communs sont abstraits de l'exercice concret des libertés personnelles. En un mot comme en cent, l'organisme est abstrait de la personne, le corps qu'on *a* du corps qu'on *est.*

On retrouve donc ici un thème déjà rencontré dans la discussion précédente, mais il ne s'agit pas d'une simple répétition tant il est vrai que ce recoupement permet de cerner avec plus de précision la différence ontologique du corps qu'on *a* par rapport au corps qu'on *est*. En effet, c'est à nouveau la souffrance vécue qui fait valoir ses droits à la parole, parole que l'objectivation scientifique a tendance à tenir pour quantité négligeable.

Et pourtant, la parole naît de la souffrance d'un sujet qui chemine à la recherche de sa véritable identité au cœur même de la crise qu'il vit, au cœur même de la déchirure qui le fait crier. Encore faut-il, pour que son cri devienne parole, qu'il soit entendu par autrui pour ce qu'il est. On peut d'ailleurs se demander si l'objectivation de l'humain par les technosciences biomédicales n'est pas utilisée en grande partie pour protéger les soignants des cris des soignés qui, s'ils les entendaient, les renverraient eux-mêmes aux cris muets de leur propre angoisse.

Praticiens de l'objectivation, les soignants — par un étrange retournement de leur méthodologie — sont censés ne pas souffrir et cela les rend sourds aux cris de ceux qu'ils soignent. Ces cris ne parviennent donc pas à se faire entendre. Leur message est obnubilé par l'expression de la douleur. La douleur du soigné provoque l'action technique du soignant qui tente de l'en débarrasser. Le soigné est transformé en objet de douleur, son cri est aussitôt réduit à l'expression d'une douleur techniquement maîtrisable. Mais la souffrance dont témoigne son cri est considérée implicitement comme méprisable précisément parce qu'elle ne peut être conjurée par un acte technique. Or, ne pas entendre le cri de l'homme souffrant comme étant le cri d'un sujet affronté à la mort dans son désir de vivre, c'est le condamner au silence, l'exclure de la véritable conversation institutrice de notre humanité.

Mais il est bien des manières de refouler la parole qui s'articulerait si la souffrance était entendue pour ce qu'elle est. La plus efficace consiste à considérer que l'être humain n'est pas le sujet d'une telle souffrance ni a fortiori d'une telle prise de parole. C'est à quoi conduit le scientisme[33].

---

33. Scientisme: terme le plus souvent employé péjorativement pour désigner l'idée selon laquelle la science fait connaître les choses telles qu'elles sont, c'est-à-dire, objectivement. Concernant la connaissance de l'être humain, le «scientisme» désigne la démarche de la science qui réduit le sujet à un objet de savoir.

«Il n'y a de corps que souffrant». C'est ainsi que Denis Vasse intitulait un jour l'une de ses conférences[34]. La souffrance est inévitable. Elle est la vie en chemin. Elle signe l'histoire maïeutique des humains qui sont, ou du moins devraient être, à tour de rôle l'obstétricien(ne) et l'accouché(e) dans les relations qui les lient entre eux. Devenir un homme, devenir une femme, c'est laisser autrui m'accoucher dans une relation qui jamais ne fait l'économie de la souffrance. C'est pourquoi la médecine, qui devrait être l'art de rencontrer avec autrui sa véritable souffrance, plutôt que de contribuer à la masquer derrière le traitement technique de la douleur et de ses causes, devrait être un art philosophique, un art maïeutique, un art intersubjectif.

La souffrance reste inévitable même lorsqu'on tente de la récuser. Mais, si elle est déniée, si elle ne trouve pas dans la parole l'expression qui permet de la rencontrer face à face, le sujet tentera, sans cesse mais toujours en vain, de recouvrer la santé d'autrefois dont il est à jamais privé, de restaurer l'état antérieur pourtant irrémédiablement dépassé, de remonter le temps irréversiblement écoulé.

Et, dans cette illusoire tentative indéfiniment répétée, il trouvera la complicité de l'entreprise médicale chaque fois qu'il rencontrera un praticien qui n'entendra pas sa souffrance sous l'expression de sa douleur, mais aussi chaque fois qu'il fourvoiera un praticien hors des chemins de son art, chaque fois que le praticien se laissera détourner par la demande explicite de son patient. La secrète complicité qui s'établit ainsi entre le soigné et le soignant, conjuguant leurs efforts pour éviter la souffrance, celle du soigné renvoyant le soignant à la sienne propre, finit toujours par aboutir, chez l'un comme chez l'autre, à la perte de la parole. Tout se passe alors comme si le vœu illusoire de restaurer la santé telle qu'elle est définie par les normes sociales en vigueur, drainait vers sa réalisation toutes les énergies dont les interlocuteurs ont en réalité le plus grand besoin pour laisser leur souffrance venir à la parole, pour faire le deuil de leurs illusions et se laisser ouvrir par l'autre à un avenir qui reste toujours à inventer ensemble.

---

34. Colloque «Significations de la vie», 1981-1982, Faculté de médecine, Unité de philosophies des sciences biomédicales.

Les professions de la santé, et le corps médical en particulier, semblent se comporter le plus souvent comme si leur mission était de garantir et de promouvoir une normalité qui n'est en réalité que l'expression condensée de l'écran que nous dressons entre notre souffrance et nous dans l'espoir illusoire de ne pas souffrir. Qu'on ne se méprenne pas: je n'entends nullement plaider pour la réhabilitation de la douleur. La médecine a le devoir de lutter et de vaincre la douleur par des soins appropriés. Mais elle se doit également de ne pas occulter ce dont la douleur est à la fois le symptôme et la cause: la souffrance d'être un homme qui va mourir.

Lorsque l'être humain se réduit à l'image scientiste que notre culture scientifique se forme de lui, il se ment à lui-même en croyant se raconter la vérité. Lorsque la médecine se trouve complice de ce mensonge ou, pire, le cultive, elle renie sa raison d'être et se mue en idéologie mortifère. De ce mensonge, en effet, résulte *la mort du sujet,* du soignant comme du soigné d'ailleurs. La *troisième aporie* structurant la problématique occidentale du mal, de la souffrance et de la douleur est donc celle-ci: *par le truchement du développement technoscientifique qu'elle cultive, la société occidentale se forclôt — et par conséquent précipite — cela même qu'elle cherchait à corriger: la souffrance.*

4

ABSENCE DE (QUEL?) DIEU

Pour aborder cette question, j'aimerais prendre pour point de départ les divers petits catéchismes à l'usage des diocèses catholiques de langue française d'Europe et d'Amérique[35]. Laissez-moi le plaisir de rappeler en résumé ce que nous avons tous étudié par cœur il y a quelques années à peine.

«Qu'est-ce que Dieu?»

C'est «un pur esprit,

— infiniment parfait,

— doué de toutes les qualités imaginables

— et dépourvu d'aucun défaut».

35. Notamment: le *Petit catéchisme* à l'usage des diocèses de Belgique (Tournai, 1957), le *Catéchisme* à l'usage des provinces ecclésiastiques de Montréal, Québec, Ottawa et Rimouski (Montréal, 1944) et le *Catéchisme* à l'usage des diocèses de France (publié par le diocèse de Versailles en 1947 chez Tardy à Bourges). Ces textes sont très voisins et l'on y trouve des théologies fort semblables.

Dieu est aussi «un esprit pur et invisible avec les yeux du corps mais qui nous voit et veille sur nous. Il n'a pas eu de commencement, il a toujours été et sera toujours. Il est partout sans être enfermé nulle part. Il connaît toutes nos actions, nos paroles et même nos pensées les plus secrètes.»

Parmi ses qualités les plus éminentes, sont citées:

— «la toute-puissance: rien ne lui est impossible,
sauf • le mal (il ne peut pas mentir),
• l'absurde (il ne peut pas vouloir un cercle-carré),
• la contradiction (il ne peut pas vouloir un bâton sans bouts).»

— «la bonté, la sainteté et la miséricorde: tout ce qui est mal lui déplaît, il a un cœur qui a pitié des malheureux.»

— «la justice: il rend à chacun ce qui lui est dû sans faire de tort à personne.»

Je suppose que vous connaissez ce portrait qui était sans doute accroché au mur de votre chambre d'enfant. Je ne fais que vous rafraîchir la mémoire. L'existence d'un tel Dieu, que je n'ai jamais rencontré, me paraît moins assurée, je dois l'avouer, que celle de ma souffrance dont je fais chaque jour l'expérience.

Mais que disent les catéchismes à propos de la souffrance? Leur réponse dépeint un paysage qui peut servir de fond au portrait de Dieu qui vient d'être dessiné. Notre souffrance est la conséquence du péché de nos premiers parents: «Adam et Ève furent, en effet, chassés du Paradis terrestre pour avoir désobéi à Dieu.» En conséquence de leur désobéissance, «ils furent condamnés:

— à souffrir, c'est-à-dire
condamnés au travail,
à la maladie,
à la douleur et
à l'ignorance;

— à mourir, dans leur corps et dans leur âme, éternellement en enfer; et

— à transmettre à tous leurs enfants leur péché et ses suites.»

Travail, maladie, douleur et ignorance, c'est un portrait assez ressemblant de ce qui m'arrive à moi. Mais je ne saurais pas sans les catéchismes que tout cela est, pour ainsi dire, une tare morale transmise de génération en génération sur le modèle d'une déficience génétique dominante.

Et les catéchismes poursuivent:

«Nous sommes rejetés par Dieu à cause du péché de notre premier père» (notons que tout à coup la première mère a disparu). Et le commentaire officiel du *Catéchisme* québécois justifie ainsi cette affirmation qui nous paraît aujourd'hui inacceptable: «les enfants d'un pauvre sont toujours pauvres» et «tous les ruisseaux qui découlent d'une source empoisonnée sont toujours tous empoisonnés» (*sic*).

«Le péché originel, c'est le péché dont les hommes naissent coupables.» Dieu n'abandonne cependant pas l'homme après sa chute dans le péché. «Il lui promet un rédempteur qui devra satisfaire pour son péché et lui ouvrir la porte du ciel.»

«Satisfaire» signifie «expier et non pas obtenir le pardon».

«Le Fils de Dieu s'est fait homme pour nous racheter de l'esclavage du péché, nous délivrer des peines de l'enfer et nous mériter la vie éternelle.» «Jésus Christ nous a rachetés en souffrant la mort pour nous comme homme et en donnant comme Dieu une valeur infinie à sa souffrance et à sa mort.» «Les souffrances et la mort de Jésus Christ nous apprennent la grande malice du péché, la haine que Dieu lui porte et la nécessité de satisfaire pour nos péchés.»

«Satisfaire» veut dire «réparer par de bonnes œuvres et par la pénitence l'injure que nos péchés ont faite à Dieu».

C'est pourquoi, d'ailleurs, «les effets principaux de la rédemption sont la satisfaction faite à la justice divine pour nos péchés par les souffrances et la mort de Jésus Christ, et l'acquisition de la grâce pour l'homme». Et la grâce est alors ainsi définie comme «don surnaturel que Dieu nous accorde par pure bonté et en vertu des mérites de Jésus Christ pour nous aider à faire notre salut».

Ces catéchismes qui sont ceux de mon enfance comme de la vôtre me semblent comprendre une contradiction étrange et forte tout à la fois entre l'affirmation d'un Dieu infiniment bon, juste et tout-puissant et l'arbitraire qui étend aux enfants la punition de la faute des parents. Je ne dis pas qu'Adam et Ève, s'ils ont existé, ne devaient pas être punis pour la faute qu'ils ont commise, s'ils l'ont effectivement commise. Je dis simplement que moi, et mes enfants, nous n'avons pas commis *leur* faute! Et j'ajoute que, par conséquent, il est injuste que nous portions le poids de cette faute que nous n'avons pas commise! Ou bien Dieu est bon et juste et tout-puissant, et il ne saurait nous punir d'une faute que nous n'avons pas commise. Ou bien, il nous punit et alors il est injuste et mauvais. Ou bien encore, il est impuissant.

Je reconnais volontiers que je suis pécheur. Mais si c'est en conséquence du péché de mes premiers parents, cela voudrait dire que Dieu ne m'a pas donné la chance de ne pas pécher. Quelle injustice insigne! Ceci est déjà inadmissible. Mais ce qui l'est davantage encore, c'est la souffrance d'êtres manifestement sans péché personnel comme, par exemple, les enfants qui naissent avec le virus du SIDA. Ils n'ont même pas demandé à naître et ils sont jetés dans la souffrance la plus dramatique. Quel Dieu bon et juste pourrait donc consentir à cela s'il a la possibilité de l'éviter? Or il ne parvient pas à l'éviter. C'est donc qu'il n'est pas tout-puissant. Mais alors, selon les catéchismes, il n'est pas Dieu! Il «mériterait» cependant notre tendresse comme toutes les personnes bonnes et impuissantes à réaliser toujours et partout leur bonté.

La souffrance du juste est incompatible avec la bonté et la justice du Dieu tout-puissant que définissent les catéchismes. Et je dois répéter que je suis bien mieux assuré, hélas, de l'existence de justes souffrants que de celle de ce dieu-là.

Cette représentation de Dieu et du mystère de la rédemption me paraît marquée par une sorte d'*algèbre pénale* qui joue avec les concepts de faute et d'infini. La faute des premiers hommes ayant fait injure à Dieu et Dieu étant infini, cette faute est infinie. Pour donner correctement satisfaction à Dieu, c'est-à-dire pour Le restaurer dans son intégrité, il faut par conséquent une réparation infinie. Mais cette réparation infinie ne peut être fournie par les premiers pécheurs, ni d'ailleurs par aucun autre, puisque tous sont finis. Même leur souffrance et leur mort n'auraient pas une valeur expiatoire adéquate puisque, en raison même de leur péché, ils sont de toutes façons déjà condamnés à souffrir et à mourir. Il faut donc trouver un réparateur infini pour donner à Dieu, qui est infini, juste réparation de la faute commise par des êtres finis. Seul Dieu lui-même possède la qualité voulue. C'est donc par son incarnation (il a pris notre condition humaine en toutes choses excepté le péché) et son sacrifice volontaire (il souffrit sa passion et fut mis à mort sous Ponce Pilate) que Dieu le Fils donnera à Dieu le Père «satisfaction» pour le péché des humains.

Cette algèbre pénale est connue des historiens sous le nom de «théologie de la satisfaction». Elle a trouvé de nombreux champions dans l'histoire de l'Église, notamment saint Anselme que j'ai déjà évoqué plus haut. Mais, comme je le montrerai dans le prochain chapitre de cet essai, elle est manifestement incompatible avec l'enseignement de Jésus lui-même!

Quoiqu'il en soit, on remarquera que cette algèbre pénale, loin de soulager la souffrance des humains, la précipite. Comme la médecine réductrice, loin de soulager la souffrance en se contentant de soigner la douleur, renforce la souffrance. Il y a là un parallèle à expliciter entre le mécanisme de renforcement de la souffrance qui se trouve secrètement à l'œuvre dans la théologie de la satisfaction comme dans la médecine scientifique. Ce n'est pas le thème du présent propos mais il m'apparaît de plus en plus clairement que le discours de la médecine réductrice est devenu la théologie la mieux acceptée aujourd'hui. J'ajoute immédiatement qu'il s'agit, à mes yeux, d'une médecine abusive comme d'une théologie mal comprise. Il vaut cependant la peine de s'arrêter à cette étrange analogie.

5

JÉSUS GUÉRISSEUR

Il est étrange que la prédication concrète du Jésus de l'histoire n'ait aucune place dans les catéchismes évoqués au chapitre 4 et qu'elle s'inscrive totalement en faux contre la perspective du modèle de la maladie et de la guérison que la médecine scientifique contemporaine, qu'elle soit hospitalière ou préventive, et le schéma religieux de la satisfaction se trouvent avoir en commun.

L'analyse un peu attentive de la pratique de Jésus permet de préciser la raison d'être de cette étrange analogie: il s'agit de part et d'autres de logiques de pouvoir qui construisent des idoles.

Que nous dit Jésus de la souffrance et de Dieu? Il est de toute évidence impossible de dresser en quelques pages une synthèse solide de tout l'enseignement de Jésus. Aussi, devrai-je me limiter par un artifice qui pourra paraître arbitraire à plus d'un mais qui pourra peut-être trouver sa légitimité dans le fait qu'il me permettra d'énoncer une hypothèse de recherche et non pas déjà de tirer les conclusions de cette recherche que j'espère pouvoir mener à bien dans les prochaines années. Cet artifice consiste à commenter brièvement le neuvième chapitre de l'Évangile de Jean sans avoir encore pu en confronter les conclusions avec l'ensemble des textes du Nouveau Testament.

Jésus enseigne clairement que la souffrance n'est pas la conséquence du péché. Il enseigne ensuite que les souffrances humaines sont les occasions privilégiées de la manifestation du travail de Dieu en nous (*ta erga tou theou en autô*). Il nous enseigne enfin que Dieu n'est pas qui nous croyons.

Lisons donc ce texte en soulignant les interventions de l'aveugle:

En passant, Jésus vit un aveugle de naissance. Ces disciples lui posèrent cette question: Rabbi, qui a péché pour qu'il soit né aveugle, lui ou ses parents ? Jésus répondit: ni lui ni ses parents. Mais c'est pour que les œuvres de Dieu se manifestent en lui. Tant qu'il fait jour, il nous faut travailler aux œuvres de Celui qui m'a envoyé. La nuit vient où personne ne peut travailler. Aussi longtemps que je suis dans le monde, je suis la lumière du monde. Ayant ainsi parlé, Jésus cracha à terre, fit de la boue avec la salive et l'appliqua sur les yeux de l'aveugle et lui dit: va te laver à la piscine de Siloé, mot qui signifie «Envoyé». L'aveugle y alla, se lava et à son retour, il voyait. Les gens du voisinage et ceux qui avaient l'habitude de le voir car c'était un aveugle de naissance, disaient: n'est-ce pas lui qui était assis à mendier? Les uns disaient: Oui, c'est bien lui. D'autres disaient: Mais non, c'est quelqu'un qui lui ressemble. Mais l'aveugle affirmait:

1. C'est bien moi!

Ils lui dirent donc: mais alors, tes yeux, comment se sont-ils ouverts? Il répondit:

2. L'homme qu'on appelle Jésus a fait de la boue, m'en a frotté les yeux et m'a dit: va à Siloé et lave-toi. Alors, j'y suis allé, je me suis lavé et maintenant je vois.

Ils lui dirent: où est-il celui-là? Il leur dit:

3. Je n'en sais rien.

On conduisit chez les Pharisiens celui qui avait été aveugle. Or c'était un jour de sabbat que Jésus avait fait de la boue et lui avait ouvert les yeux. À leur tour les Pharisiens lui demandèrent comment il avait recouvré la vue. Il leur répondit:

4. Il m'a appliqué de la boue sur les yeux, je me suis lavé et je vois.

Parmi les Pharisiens, les uns disaient: cet individu n'observe pas le sabbat, il n'est donc pas de Dieu. Mais d'autres disaient: comment un homme pécheur aurait-il le pouvoir d'opérer de tels signes? Et c'était la division entre eux. Alors, ils s'adressèrent de nouveau à l'aveugle: et toi, que dis-tu de celui qui t'a ouvert les yeux? Il répondit:

5. C'est un prophète!

Mais tant qu'ils n'eurent pas convoqué ses parents, les Juifs refusèrent de croire qu'il avait été aveugle et qu'il avait recouvré la vue. Ils posèrent cette question aux parents: cet homme est-il bien votre fils dont vous prétendez qu'il est né aveugle? Alors, comment voit-il maintenant? Les parents leur répondirent: nous sommes certains que c'est bien notre fils et qu'il est né aveugle. Comment maintenant il voit, nous l'ignorons. Qui lui a ouvert les yeux, nous l'ignorons. Interrogez-le, il est assez grand, qu'il s'exprime lui-même à son sujet. Les parents parlèrent ainsi parce qu'ils avaient peur des Juifs car ceux-ci étaient déjà convenus qu'ils jetteraient hors de la synagogue quiconque confesserait que Jésus est le Christ. Voilà pourquoi les parents dirent: il est assez grand, interrogez-le. Une seconde fois les Pharisiens appelèrent l'homme qui avait été aveugle et lui dirent: rends gloire à Dieu, nous savons nous que cet homme est pécheur! Il répondit:

6. Je ne sais si cet homme est un pécheur. Je ne sais qu'une chose: j'étais aveugle et maintenant je vois.

Ils lui dirent: que t'a-t-il fait, comment t'a-t-il ouvert les yeux? Il leur répondit:

7. Je vous l'ai déjà raconté mais vous n'avez pas écouté. Pour-

quoi voulez-vous l'entendre encore une fois? N'auriez-vous pas, par hasard, vous aussi le désir de devenir ses disciples?

Les Pharisiens se mirent alors à l'injurier et ils disaient: C'est toi qui es son disciple. Nous, nous sommes les disciples de Moïse. Nous savons que Dieu a parlé à Moïse tandis que celui-là, nous ne savons d'où il est. L'homme leur répondit:

8. C'est bien là en effet l'étonnant, que vous ne sachiez pas d'où il est alors qu'il m'a ouvert les yeux. Dieu, nous le savons, n'exauce pas les pécheurs. Mais si un homme est pieux et fait sa volonté, Dieu l'exauce. Jamais, continua l'ancien aveugle, on a entendu dire que quelqu'un ait ouvert les yeux d'un aveugle de naissance. Si cet homme n'était pas de Dieu, il ne pourrait rien faire.

Ils ripostèrent: tu n'es que péché depuis ta naissance et tu viens nous faire la leçon! Et ils le jetèrent dehors. Jésus apprit qu'ils l'avaient chassé. Il vient alors le trouver et lui dit: crois-tu, toi, au Fils de l'homme? Il répondit:

9. Qui est-il, pour que je croie en lui?

Jésus lui dit: Hé bien, tu l'as vu, c'est celui qui te parle. L'homme dit:

10. Je crois, Seigneur!

Et il se prosterna devant lui. Et Jésus dit alors: c'est pour un jugement que je suis venu dans le monde, pour que ceux qui ne voyaient pas voient, et que ceux qui voyaient deviennent aveugles. Les Pharisiens qui étaient avec lui entendirent ses paroles et lui dirent: est-ce que, par hasard, nous serions des aveugles nous aussi? Jésus leur répondit: si vous étiez des aveugles, vous n'auriez pas de péché. Mais à présent, vous dites «nous voyons» et votre péché demeure.

Je ne vais pas faire l'exégèse complète de ce texte car cela prendrait plusieurs heures et, surtout, cela dépasserait mes compétences. Toutefois, j'aimerais formuler quelques remarques. J'ai souligné expressément les dix prises de parole de l'ancien aveugle car elles me paraissent hautement significatives de l'un des enseignements que renferme cet admirable texte johannique. Évidemment, il serait désastreux de réduire l'enseignement contenu dans ce texte aux seules considérations que je vais proposer, il est certainement bien plus riche encore que ce que j'aperçois moi-même. Toutefois, ces dix prises de parole me paraissent comme des étapes obligées dans l'itinéraire personnel d'un croyant.

1. Reconnaître sa propre réalité, sa propre identité.
2. Reconnaître un travail à l'œuvre en soi.
3. Reconnaître ce travail même sans en savoir l'origine.
4. Attester que ce travail a bien eu lieu.
5. Face à la provocation, ne pas cacher ce travail et rendre justice à celui par qui il s'est opéré.
6. Persévérer dans le témoignage en dépit de l'adversité.
7. Persévérer encore en reconnaissant qu'on est devenu disciple du guérisseur.
8. Rendre témoignage au prophète qui est «de Dieu», même s'il doit s'ensuivre un rejet par le pouvoir religieux.
9. S'enquérir de l'identité du prophète.
10. Confesser sa foi, se confier à lui.

Notons que Jésus, pour guérir, n'hésite pas à transgresser le sabbat qui, précisément, aux yeux du pouvoir religieux, est le critère qui permet de discerner si un homme vient de Dieu ou non. Le bénéficiaire de la guérison, lui, ne s'y trompe pas: il privilégie le don qu'il a reçu en attestant que celui qui le lui a donné ne peut pas ne pas être «de Dieu», quoiqu'il en soit de l'observance de la lettre de la Loi.

Observons également que Jésus récuse avec force l'algèbre pénale dont il a été question dans la section précédente. «Ce n'est ni lui ni ses parents qui ont péché pour qu'il soit né aveugle. C'est pour que soit manifesté en lui le travail de Dieu.» Mais qu'est-ce que ce «travail» que sa guérison par Jésus manifeste dans l'ancien aveugle? C'est, me semble-t-il, le travail de la naissance de Dieu en nous qui est tout à la fois le travail de notre propre naissance à nous-mêmes. Et dans ce travail, dont le fruit est la reconnaissance que la vie de Dieu en nous est véritablement notre vraie vie à nous, la souffrance est présente. L'ancien aveugle est amené à affronter l'adversité du parti pharisien, il se heurte à l'incrédulité de ceux à qui il exprime sa conviction d'avoir eu les yeux ouverts par un prophète qui vient assurément de Dieu, il subit la sanction du pouvoir religieux qui l'excommunie. Si tout cela n'est pas de la souffrance, qu'est-ce alors que la souffrance?

Les souffrances dont Jésus libère les humains les conduisent souvent à en affronter d'autres. À quoi bon alors? Comprenons bien qu'en ouvrant les yeux de l'ancien aveugle, Jésus le soulage moins d'une douleur qu'il ne lui fait voir que la souffrance, si elle est prise pour ce qu'elle est (une dimension de la condition humaine appelée à rendre témoignage au travail de Dieu en elle) et non pas pour ce qu'elle n'est pas (un châtiment du péché de nos premiers parents), est véritablement comme un véhicule sur le chemin au bout duquel Dieu se donne à connaître en vérité. La guérison opérée par Jésus a pour effet de mettre l'ancien aveugle en accord avec lui-même en dépit de la condition qui lui est faite par son milieu (ses parents qui l'abandonnent, les Pharisiens qui l'excommunient). Jésus ne le sort pas de sa marginalité, il lui ouvre le chemin pour la vivre tout en étant «bien dans sa peau», comme on dit familièrement. Finalement, l'ancien aveugle trouve dans sa guérison le courage de vivre sa condition et le courage de rendre témoignage au travail qui s'est accompli en lui.

Jésus démonte ainsi le mécanisme du pouvoir religieux totalitaire qui se sert d'une fausse image de Dieu pour perpétuer une situation de domination dont le seul à tirer avantage est ce même pouvoir religieux. Relisons les invectives sur les Pharisiens qui «nouent de lourdes charges sur le dos des pauvres gens et ne lèveraient pas le petit doigt pour les soulager» (*Mt* 23). Jésus n'est pas mort sur la croix parce que son Père lui aurait dit que s'il se dérobait, les hommes ne seraient pas rachetés de leur péché. Jésus est mort sur la croix parce qu'il a protesté avec force contre la déformation du visage de Dieu par le pouvoir religieux. Il est mort de n'avoir pas renié un seul instant la mission de révélation qui était la sienne. Il est mort d'avoir souligné la présence de Dieu chez les plus petits et d'avoir dénié aux puissants toute emprise sur son Père. Le vrai visage de Dieu, c'est celui du Père prodigue, celui du maître qui donne le même salaire aux ouvriers de la onzième heure qu'à ceux de la première, celui qui remet les dettes gracieusement et non en raison d'un rachat infini.

Cette affirmation appelle un commentaire sur la différence qui sépare Dieu de l'image que nous avions cru pouvoir nous en former.

6

UN DIEU DIFFÉRENT

Les analyses que François Varone a exposées dans un livre récent auquel j'emprunte quelques éléments particulièrement significatifs, soulignent la révélation en Jésus d'un Dieu différent de ce que nous croyions[36]. Elles montrent que *la doctrine de la satisfaction* inscrit toute la vie chrétienne sous le signe d'une dette contractée à l'égard de Dieu, dette incommensurablement plus élevée que le remboursement dont l'humain est capable. Elle conçoit également l'existence chrétienne comme un ensemble de rites et de comportements à répéter de façon à ne pas irriter Dieu plus qu'il ne l'est déjà et , si possible, à adoucir son courroux. Il s'agit en définitive d'agir sur la puissance divine pour la faire réagir en faveur de la faiblesse humaine. Paradoxalement, c'est Dieu que cette perspective rend bénéficiaire du salut et non l'humain qui reste bloqué dans sa peur d'un châtiment plus grave encore que celui que déjà il encourt. «Pendant que la religion se trompe d'adresse en sa quête de salut, note F. Varone, les véritables puissances de mort en profitent pour se déchaîner librement[37].»

36. François VARONE, *Ce Dieu censé aimer la souffrance*, Paris, Éditions du Cerf, 1986.

37. *Idem*, p. 18.

D'ailleurs, les évangiles eux-mêmes, qui s'inscrivent en faux contre cette sorte d'algèbre pénale, nous apprennent que «ce qui plaît infiniment au Dieu et Père de Jésus, ce n'est pas la compensation des péchés, mais *la libération du désir de l'homme*[38]». C'est essentiellement sur ce point que le schéma kérigmatique de la *révélation* s'oppose au schéma religieux de la *satisfaction* (que Guy Durand préfère appeler la «théorie de la mission»).

Mais quel Dieu la prédication et la vie concrète du Jésus historique nous révèlent-elles?

F. Varone s'appuie sur l'évangile de Luc pour trouver une clé de lecture de la vie de Jésus comme révélatrice du Dieu inconnu. Luc établit un parallèle entre Jésus et Élie. C'est donc dans le cycle d'Élie[39] que l'on peut espérer trouver une telle clé en établissant un parallèle entre l'action du prophète et le visage de Dieu. Or, précisément, le cycle d'Élie est marqué par le passage d'un mode d'action à un autre qui est totalement différent du premier. Cette différence dans l'action du prophète révèle la différence de Dieu lui-même par rapport aux représentations que nous pouvons nous en faire.

À côté du rôle de puissance qu'Élie, deux fois (17,1 et tout 18), s'est efforcé de jouer, il y a un autre rôle que F. Varone appelle simplement «humain» à cause de cet espace de vie et d'action où Dieu attire une première fois le prophète (17,2-24), et la deuxième fois le confirme définitivement (19,4-21). Et cette «différence», cet «ailleurs» où Dieu ne cesse d'attirer son prophète, c'est l'humain, c'est *le monde de la faiblesse et de la fragilité*.

> Faiblesse du vrai prophète, n'étant ni le roi ni l'ami du roi. Faiblesse du vrai peuple de Dieu, n'étant pas un royaume politique, mais un Reste, de 7000 hommes certes, mais nul comme puissance historique évidente, existant au contraire dans l'anonymat et l'impuissance, mais dans le refus actif de se donner au Baal et à son système. Faiblesse de Dieu lui-même, refusant tous les signes de puissance, choisissant celui d'un faible souffle. Et pourquoi donc partout cette faiblesse? Pourquoi cette volonté de

38. *Idem*, p. 24.
39. *1 Rois* 17-19.

Dieu d'être faible, lui, son prophète et son peuple? C'est que la faiblesse est condition de vérité: faible, en effet, est l'humain dès qu'il cesse de se camoufler derrière le pouvoir et ses grandes structures de domination[40].

Selon la clé de lecture que suggère l'identification lucanienne de Jésus à Élie, c'est donc l'engagement de Jésus dans le conflit foi-religion qui définit d'un bout à l'autre la signification de sa vie, de sa souffrance et de sa mort.

Jésus, en effet, n'est pas mort du fait de l'exigence divine d'une compensation infinie pour le péché des humains, *il est mort à cause de son combat prophétique mené jusqu'au bout*. Qu'est-ce à dire?

Toujours en s'appuyant principalement sur l'évangile de Luc, F. Varone montre que la juste perspective pour comprendre la vie de Jésus est celle du refus de tout messianisme de puissance. Il remarque, en effet, que le récit de l'action de Jésus est inclus entre la triple tentation du chapitre 4 et le retour de cette tentation au chapitre 23. Il s'agit bien d'une seule tentation (triple) et non de trois tentations différentes. La privation de nourriture (changer les pierres en pains) est un symbole de la tension existentielle entre le désir des humains et leur radicale fragilité, tout comme la soif de pouvoir (posséder des royaumes) et la fascination du merveilleux (être miraculeusement sauvé par des anges). De la faim physique à la soif de pouvoir politique en passant par la maîtrise magique de l'impossible, c'est à *la* tentation essentielle de l'homme que l'évangéliste confronte Jésus, à savoir: «la tentation de réaliser son désir non pas dans l'accueil du don de Dieu qui engendre, mais par les moyens et la puissance de l'homme lui-même[41].»

Cette tentation, qui est bien celle du messianisme de puissance, Jésus la rejette à chacune de ses manifestations. «Être messie, note F. Varone, n'est pas autre chose, fondamentalement, qu'être homme en vérité, donc que de résoudre en vérité l'équation fragilité-désir ou fils d'Adam — fils de Dieu. Puis de mettre cette solution en actes et

40. François VARONE, *op. cit.*, p. 43.
41. *Idem*, p. 54.

en paroles pour la révéler et attirer les hommes dans sa mouvance et ainsi les sauver[42].»

Mais la triple tentation du début de la vie publique de Jésus se retrouve juste avant sa mort sur la croix, en ordre inverse[43]. Tentation de dénier l'échec politique face aux chefs d'Israël qui ricanent, tentation du mensonge face aux soldats qui se moquent du Roi des Juifs, tentation de sauver sa peau avec l'autre condamné qui le sollicite.

> Au terme de cette triple réduction à zéro, Jésus est virtuellement mort. C'est le contraire absolu du triomphe d'Élie au Carmel; c'est le même affrontement entre «représentants» religieux, devant le même peuple, spectateur passif, prêt à obéir au plus fort. Mais Jésus refuse jusqu'au bout le prophétisme de puissance: voilà pourquoi il meurt[44].

Jésus a souffert sa passion et est mort pour avoir vécu jusqu'au bout la vérité de l'homme et de Dieu: l'homme est un désir fragile mais il peut laisser Dieu opérer son travail en lui et s'ancrer ainsi en Dieu qui l'engendre sans cesse.

> En séparant César de Dieu, Jésus désacralise, désabsolutise tout pouvoir. César existe: qu'il fonctionne avec ses services, fiscalité et autres. Mais que Dieu seul soit absolu. Dans n'importe quelle société, il ne sera jamais innocent de réserver à Dieu la prétention à l'absolu et de l'ôter résolument à tout pouvoir humain.
>
> Dès lors, la plus grande perversion du pouvoir se trouve dans le pouvoir religieux: sa capacité de domination et d'écrasement de l'homme est d'autant plus grande qu'il prend totalement à son compte l'absolu de Dieu. Jésus connaît l'hypocrisie du pouvoir civil: «Les rois des nations agissent avec elles en seigneurs et ceux qui dominent sur elles se font appeler bienfaiteurs» (*Lc* 22,25). Mais il fustige bien davantage le pouvoir religieux: il

42. *Idem*, p. 55.
43. *Lc* 23,35-43.
44. François VARONE, *op. cit.*, p. 57.

suffit de relire, à haute voix, les malédictions adressées aux scribes et pharisiens hypocrites» (*Mt* 23,1-7.13-36)[45].

Ces remarques nous permettent de définir ce que refusait Jésus. Mais quel était donc le contenu positif de son enseignement et de son attitude existentielle concrète? Non seulement Jésus refuse la puissance mais il s'attache résolument à en libérer les opprimés. Ce sont d'ailleurs essentiellement les guérisons opérées par Jésus qui peuvent nous mettre sur la voie. Mais la guérison est destinée d'abord à rendre l'opprimé à lui-même, à le restaurer dans son autonomie aliénée, à l'appeler à trouver sa véritable identité en devenant disciple du Fils de Dieu et donc à reconnaître qu'il est lui-même par grâce ce que Jésus est par nature: fils de Dieu.

Or, nombre de guérisons ont été opérées par Jésus le jour du Sabbat. C'est que l'homme n'est pas fait pour le pouvoir religieux ni pour les règles et rites dont celui-ci prescrit l'observance mais bien le pouvoir religieux pour l'homme. Pour Jésus, sa passion pour Dieu est inséparable de sa passion pour l'homme qui est d'ailleurs en même temps la passion de Dieu.

C'est ainsi que d'un simple geste par lequel il guérit un aveugle de naissance, de la boue faite de poussière et de salive appliquée sur les yeux du malade, Jésus atteste son refus du pouvoir religieux qui interdit le travail le jour du sabbat et manifeste sa sollicitude immédiate à l'égard d'un prochain concret, singulier, en chair et en os. Mais cette sollicitude concrète constitue une agression ouverte contre l'ordre religieux établi. C'est pourquoi Jésus, à la recherche de la vérité, rencontre aussi bien les tenants de la puissance mensongère qu'il combat, que les victimes de la domination. Qu'il s'attache à convertir les premières ou à libérer les secondes, Jésus sert la même cause qui est celle de la vérité de Dieu. C'est en effet toujours de Dieu qu'il s'agit, qu'il soit défiguré par les diverses formes de pouvoir et d'oppression ou révélé par la fragilité, la vulnérabilité et la faiblesse de leurs victimes. En définitive, la fidélité de Jésus à son refus fonda-

45. Il conviendrait de développer à partir de cette remarque, et en lien avec la première partie de cet exposé, une critique radicale du pouvoir médical qui prend, de nos jours, une forme de plus en plus religieuse.

mental de la puissance révèle un Dieu différent et le révèle jusque dans les dernières conséquences de ce refus, jusqu'à la parole ultime où se rejoignent à la fois la vérité de Dieu et la vérité de l'humain: «Père, entre tes mains, je remets mon souffle défaillant!» La vérité de l'humain est de reconnaître sa fragilité et de trouver l'appui absolu dans le «souffle ténu». La vérité de Dieu est de se révéler précisément dans cette faiblesse qui culmine dans la mort du Fils de l'homme en croix. Mais la croix n'est pas «le lieu du râle enfin jeté vers Dieu pour le satisfaire», c'est tout au contraire le lieu de la parole où s'achève et culmine la pratique de la vérité» de l'homme comme de Dieu[46].

Le critère concret de la vie pratique, c'est l'humain et la sollicitude à l'égard de sa faiblesse. Mais la source de cette sollicitude et de l'autonomie qui en est le fruit, c'est Dieu. La différence à laquelle convient la prédication et l'action de Jésus, c'est de ne reconnaître le pouvoir que d'un seul Seigneur, c'est finalement la différence monothéiste: un seul absolu, qui se donne à connaître dans le «souffle ténu».

Cette pratique différente, qui cherche à se déprendre de toute forme d'idolâtrie, qui entend ne rendre hommage qu'au seul et unique vrai Dieu, se manifeste, estime F. Varone, à partir de trois paramètres principaux:

1. La critique de l'argent que l'on trouvera notamment en *Lc* 12,13-34.

2. La règle d'or (ou principe de radicale réciprocité de l'humain): «tout ce que vous voulez que les hommes fassent pour vous, faites-le vous-mêmes pour eux» (*Mt* 7,12).

3. Les Béatitudes (*Mt* 5,3-11) à propos desquelles l'auteur évite soigneusement les contresens courants. «Heureux ceux qui pleurent», remarque-t-il, n'est pas une contradiction face à l'expérience humaine commune, mais une expression sémitique qui donne raison à quelqu'un et le félicite pour le choix qu'il a fait! «Bravo, tu es dans le vrai quand, avec Jésus et tous les prophètes qui l'ont précédé, devenant toi-même prophète, tu orientes ta vie, tes choix, tes actions dans le refus du pouvoir et dans la réalisation d'une pratique humaine différente[47].»

---

46. François VARONE, *op. cit.*, p. 83.
47. *Idem*, p. 103.

Une pratique différente qui rende à Dieu l'honneur qui n'est dû qu'à lui seul, une pratique différente qui procède d'un cœur attaché au Dieu fragile que révèle la faiblesse humaine appelant ma sollicitude, et non au pouvoir et à l'argent. «Ce que vous faites au plus petit d'entre les miens, c'est à moi que vous le faites!»

7

LA SOLLICITUDE: SOUFFRANCE ET PAROLE

Révolté contre un Dieu censément bon et tout-puissant qui tolère — voire provoque — la souffrance du juste, *déchiré* à l'intérieur de lui-même entre l'être et l'avoir alors qu'il est censé s'unifier, *esseulé* par l'anesthésie censée faciliter la présence d'autrui, l'homme occidental se trouve face à la souffrance dans une condition marquée par trois apories majeures. Théologiquement, il lui est difficile de penser à la fois sa propre souffrance et la bonté toute-puissante de Dieu. Philosophiquement, il lui est impossible de penser à la fois sa propre souffrance comprise comme déchirement intérieur entre l'être et l'avoir et son propre désir d'unité. Scientifiquement, il lui est inconcevable que les méthodes mises en œuvre pour corriger sa souffrance supposent en réalité le refoulement de celle-ci.

Face à ces apories, que penser? Que dire? Que faire? Finalement, la souffrance humaine est-elle compatible avec la présence de Dieu? Ou implique-t-elle l'absence de Dieu?

Les chapitres 4 à 6 ont permis d'approfondir la question de l'identité du Dieu ainsi rejeté. L'analyse critique des catéchismes et la mise en lumière de leur divergence d'avec l'enseignement de Jésus permettent sans doute de mieux reconsidérer nos préoccupations initiales.

Je dirais, en empruntant quelques formules à Maître Eckhart, un mystique dominicain qui prêchait en langue allemande au XIVe siècle, qu'il faudrait, pour répondre à cette question, réfléchir dans trois directions.

La première est celle-ci: **«La souffrance est le plus rapide coursier vers la perfection.»**

Il ne s'agit pas de restaurer un quelconque dolorisme expiateur, il s'agit plutôt d'entendre que tant qu'on lutte contre la souffrance pour l'extirper, on fait fausse route car on se heurte systématiquement à son caractère perpétuellement renaissant. Si, par contre, on s'en sert comme d'un coursier, on peut arriver à la perfection. Il faut pour ainsi dire chevaucher sa propre souffrance pour se laisser porter par elle plutôt que de vouloir s'en débarrasser. La souffrance est inévitable. Alors autant se laisser porter par elle en tâchant de l'apprivoiser et de la guider un peu dans la bonne direction. Mais on n'apprivoise pas une telle force sans la nommer, sans lui donner un juste nom. De ne pas être nommée, d'être déniée, décuple l'emprise de la souffrance sur l'aveugle qui ne veut pas la voir parce qu'il croit voir son propre pouvoir.

Une seconde ligne de méditation à propos de la compatibilité ou de l'incompatibilité de la souffrance humaine et de la présence de Dieu est celle-ci: **«Je prie Dieu d'être délivré de Dieu.»**

Entendons: je prie le vrai Dieu de me délivrer de mes faux dieux. Mais nos faux dieux nous apparaissent souvent comme étant le seul vrai Dieu. Nous reconstruisons toujours de faux dieux. Aujourd'hui, nous n'en sommes sans doute plus à croire que le dieu du catéchisme soit le vrai Dieu. Et cependant, sommes-nous vraiment détachés des représentations qui lui collent à la peau comme à la nôtre? Sommes-nous réellement déliés de l'idée d'un Dieu infiniment bon, juste et tout-puissant ? Maître Eckhart enseignait aux religieuses qui étaient ses plus attentives auditrices que Dieu n'est pas bon. Il leur confiait même que lui, leur prédicateur, était meilleur que Dieu. Que Dieu ne soit pas le meilleur, voilà qui sonne faux à nos oreilles. Et pourtant, qui a jamais dit que Dieu soit susceptible, comme nous, de déterminations en termes de plus ou moins? La bonté, disait le mystique, est un vêtement sous lequel nous cachons Dieu pour ne pas le voir. Il en va de même de la justice de Dieu et de sa toute-puissance. Et il ajoutait à l'adresse de ceux qui croient savoir qui est Dieu: Si un jour, tu rencontres Dieu et qu'il te parle, fous le camp, car tu peux être certain que ce n'est pas lui! Chaque fois que nous parlons de Dieu nous en parlons mal. Il ne faudrait jamais nous laisser ensorceler par les discours que nous tenons sur Dieu. Par ailleurs, nous ne pouvons pas ne pas parler de Dieu. consentons dès lors à en mal parler et, tout en nous efforçant d'en parler le moins mal possible, exerçons-nous à nous laisser déprendre de nos fausses images de Dieu par le travail de Dieu lui-même en nous.

Les souffrances humaines sont décidément mieux assurées d'elles-mêmes que de l'existence d'un Dieu qui viendrait les expliquer par le mécanisme d'une algèbre pénale complexe que son porte-parole le mieux mandaté récusait avec force. Mais l'absence de ce dieu-explication est pour moi le signe que Dieu est proche ou, comme le dit le mystique dominicain, le signe que: **«Dieu couve sous la cendre du foyer.»**

C'est la troisième ligne de méditation qui me paraît s'annoncer féconde face à la question de Dieu et de la souffrance humaine.

Ce que la fréquentation de ma propre souffrance et de la souffrance de mes prochains m'enseigne, c'est que répondre à cette question de façon claire, nette et définitive d'un point de vue métaphysique, dépasse largement mes capacités. Je ne sais pas du tout Qui est Dieu. Mais je sais qu'il s'agit de quelqu'un qu'il vaut mieux que je n'enferme pas dans mes petites idées toutes faites, et encore moins dans mes petites idées toutes faites sur la souffrance. C'est quelqu'un qu'il vaudrait la peine de se laisser révéler comme il l'entend, sans lui indiquer comme à l'avance le chemin qu'il doit prendre pour venir me rencontrer. La plus belle prévenance que je puisse avoir à l'égard de Dieu ne serait-elle pas, comme le suggère Maître Eckhart, de vivre comme s'il n'existait pas tout en guettant son toussotement derrière les buissons ?

*

* *

Mais qu'est-ce que cela signifie, dans la vie concrète et notamment dans le domaine médical qui formait le point de départ de notre réflexion? Tout simplement l'exigence de réapproprier, par la vertu d'une oreille attentive à la souffrance qui se dit, tente de se dire, ou échoue à se dire dans la maladie, la maîtrise du corps que nous avons au service de l'existence concrète du corps que nous sommes. La parole, en effet, ne trouve-t-elle pas le lieu exact de sa pertinence à la jointure du corps que nous sommes et du corps que nous avons? Mais l'avènement de la parole en situation de souffrance est toujours un événement critique, une crise, un événement qui appelle le discernement (*krisis* en grec signifie précisément cela).

La souffrance est toujours un événement dramatique qui pose la question du sens et du non-sens de l'existence, qui nous met en situation de crise. Mais qu'est-ce au juste qu'une crise? On parle de crise d'asthme, d'appendicite, de foie ou de larmes pour désigner un événement qui survient et qui est plus fort que moi, qui m'emporte comme un fétu de paille balayé par une vague. La crise survient lorsque mes moyens de défense habituels sont submergés, lorsque je ne sais plus à quel saint me vouer, lorsque tous mes points de repère basculent, ou du moins que j'en ai le sentiment, lorsque je ne sais plus quel langage tenir sur ce qui fait ma vie et son sens.

La question surgit alors de savoir comment vivre dans un environnement où il ne m'est plus possible de me dire à moi-même (ni aux autres) la vérité de ce que je deviens. Pour un sujet, être en souffrance, c'est perdre ou avoir peur de perdre, l'objet dans lequel il investit tout le sens de sa vie. L'absence de cet objet fait que la vie n'a plus de sens. Cet objet peut être un métier, un amour, un enfant, une réputation. Ce peut être tout ou n'importe quoi. Mais précisément pour celui qui le perd, ce n'est pas n'importe quoi. Une crise est une situation dramatique dans laquelle le sens est radicalement mis en cause ou absent.

Quand on rencontre quelqu'un qui est en crise ou «en souffrance», c'est généralement quelqu'un qui raconte, ou quelqu'un qui ne dit rien (mais alors c'est son silence qui devient éloquent), ou encore quelqu'un qui voudrait dire qui il est, mais ne le sait plus, quelqu'un qui se trouve dans l'impossibilité de raconter sa vie avec un minimum de cohérence. Il ne se sent plus capable de dire pour quoi ni pourquoi il vit. Et pourtant, c'est quand on raconte sa vie que la vie prend un sens, que le sens en émerge; c'est quand on fait le récit de sa vie, le récit de sa difficulté à un ami, à soi-même ou à un «spécialiste» que le sens peut surgir. Mais pour qu'il puisse (re)surgir, il faut d'abord qu'on reconnaisse qu'il est absent.

Il est indispensable de raconter sa vie parce que la vie est faite d'événements qui se succèdent et n'ont pas toujours de liens très évidents entre eux. Cette succession demande un principe d'unité. Raconter sa vie permet d'unifier la dispersion de nos rencontres, la multiplicité disparate des événements que nous vivons.

Raconter sa vie est un véritable travail: c'est accoucher de soi-même, c'est mettre de l'ordre en soi, tenter de dire qui l'on est en disant qui l'on a été et qui l'on voudrait être. C'est mettre en perspective des événements qui paraissent accidentels. C'est distinguer dans son passé l'essentiel de l'accessoire, c'est repérer des points fixes. Raconter sa vie permet de souligner des moments plus importants et de mettre entre parenthèses d'autres aspects de notre vie. C'est ainsi que le récit est créateur d'intelligibilité. Et la crise survient lorsque cette opération est devenue difficile, voire impossible.

La souffrance est toujours une crise du sens parce qu'elle pose les questions radicales: À quoi suis-je fidèle? De quoi suis-je occupé à me détacher? Comment suis-je en train de me re-comprendre moi-même?

Ce qui est en jeu, c'est ma capacité de me faire illusion à moi-même, de me raconter inconsciemment une histoire qui n'est pas vraiment la mienne. Mon histoire n'est écrite nulle part ailleurs que dans le récit que j'en fais. Cependant, si j'entends qu'elle soit l'histoire vraie de moi-même, elle doit être conforme à ma destinée la plus secrète. Comment donc raconter en vérité l'histoire de sa vie?

C'est là une question redoutable car elle conduit tout droit au cœur de mes terreurs les plus enfouies et de mes espoirs les plus cachés. Il n'y a de vrai récit de ma vie que dans le récit qui se donne à interpréter à l'oreille d'un autre qui sache me désarçonner de mes propres illusions en écoutant, au travers des mots de l'histoire, la souffrance secrète qui l'habite et qui, par la vertu de son oreille, pratique en moi cette brèche par laquelle je serai délivré petit à petit de mes illusions les plus tenaces. Finalement, cette délivrance sera accomplie lorsqu'il s'avérera qu'elle est elle-même illusoire et que la seule chose qui compte, en définitive, c'est le mouvement du récit à la recherche de sa propre vérité.

Ce sont d'ailleurs les impasses du récit, ses blocages, ses redites qui constitueront pour l'oreille attentive les repères les moins fragiles de l'itinéraire qui tente de venir au jour par le truchement de ces mots qui, en vérité, disent à la fois plus et moins que ce qu'ils semblent dire. Une redistribution des rôles peut alors s'imposer, et un nouvel acteur surgir. Cette redistribution des rôles ne change rien au contenu des chapitres précédents car on n'écrit pas sa vie au brouillon mais directement au net. Mais il peut arriver qu'elle en modifie radicalement le sens. Il faut parfois réinventer un sens à son passé pour pouvoir affronter créativement l'avenir.

Mais cela suppose un changement parfois assez radical. Or, le changement suscite de multiples résistances. Il y a des résistances à l'intérieur de nous, car nous avons peur de savoir qui nous sommes en vérité. Mais il y a aussi des résistances très fortes autour de nous. Tout se passe comme s'il fallait copier des modèles, c'est-à-dire précisément, ne pas changer mais reproduire des stéréotypes, répéter des situations bloquées et bloquantes. Mais les stratégies de résistance sont multiples: ce peut être également d'imputer la souffrance à la situation sociale, ou à d'autres, se déchargeant ainsi sur des boucs émissaires de la véritable question qu'on est pour soi-même. Ce sont les souffrances mort-nées, celles qui avortent parce que tout est disposé autour de ceux qui les vivent pour qu'elles ne viennent pas au langage, pour qu'elles soient refoulées, déniées. Réprimer les souffrances successives en quoi consiste nécessairement une existence humaine, c'est la précipiter vers une mort plus terrible que la mort, c'est la faire mourir avant même que de la laisser naître.

Il faut bien reconnaître d'ailleurs que la médecine, dans bon nombre de souffrances, contribue à refouler l'interrogation fondamentale de l'être humain affronté à la question de la vérité de son existence. Vouloir à tout prix mettre au jour la cause organique d'un malaise «métaphysique» est une attitude qui, pour n'être sans doute ni délibérée ni même consciente, n'en est pas moins meurtrière.

Une crise, c'est une situation dans laquelle on est appelé à discerner pour changer. Mais quelle est la condition qui doit être remplie pour qu'une souffrance soit effectivement une occasion de changement? En son principe, la réponse est simple: il faut que la souffrance vienne à la parole. La souffrance est un moment dramatique: un moment de jugement, de réévaluation des enjeux de la vie, de restructuration de la hiérarchie des valeurs. Personne n'a jamais fini de changer ni n'est jamais à l'abri d'une souffrance. La dernière souffrance, c'est la mort. Et ce sont nos réactions aux souffrances qui font les grandes étapes de la vie, qui préparent à être solide ou fragile, disponible ou réfractaire au jour de la mort.

Écouter l'autre en souffrance, c'est peut-être accepter d'entrer sur la pointe des pieds dans la conversation intérieure qu'il nous confie pour un moment; et, après avoir glissé quelques mots dans cette conversation pour lui redonner toute sa vitalité, c'est sans doute aussi se retirer de cette conversation comme on y est entré: sur la pointe des pieds.

C'est à ce prix et à ce prix seulement que la médecine deviendra chaque jour davantage un service de l'humain plutôt qu'une oppression. C'est au prix de cette écoute, qui n'a rien d'organique, bien qu'elle n'exclue pas le moins du monde a priori l'existence d'une altération de l'organisme, que le médecin peut remplir sa véritable fonction sociale qui est d'aider ses semblables à vivre le corps qu'ils *sont* en dépit des vicissitudes du corps qu'ils *ont*.

CONCLUSION

Nous sommes définitivement mieux assurés de nos souffrances que de la présence de Dieu. Cela n'implique cependant en rien son absence, encore moins son inexistence.

Notre dignité nous autorise à demander des comptes à ce dieu censé aimer notre souffrance. C'est dans ce procès intenté au dieu incompatible avec notre souffrance que nous nous disposons le mieux à accueillir le vrai Dieu.

Loin de nous éloigner de Dieu, la souffrance, qui est inévitablement liée à toute existence humaine, peut nous libérer des idoles auxquelles nous tenons tant et ouvrir le chemin intérieur par lequel Il vient à nous.

La vie humaine n'est-elle pas comme une grossesse? Quelque chose (quelqu'un?) vit en nous, grandit, nous bouscule, force notre étonnement. Quelque chose qui nous invite à le nommer. Quelque chose qui, pour apparaître au grand jour, nous contracte, nous fait souffrir. Et ces contractions dont nous souffrons nous montrent du doigt les résistances que nous opposons à son avènement. Ces contractions sont l'histoire de nos refus, la souffrance de notre vie.

La souffrance de notre vie peut nous aveugler au point que nous refusons de voir ce qui tente de naître en nous. Et cet aveuglement, que nous voudrions protecteur, précipite la menace qui nous accable, multiplie nos douleurs, nous tend jusqu'à nous rompre.

Ce refus d'engendrer, de se laisser engendrer, peut durer, perdurer. Et à force de n'être pas nommée, la souffrance devient alors intolérable.

Dire sa souffrance est difficile. Entendre celle du prochain pour ce qu'elle est en vérité, le symptôme d'une résistance qui secrètement nous rappelle la nôtre, n'est pas plus facile.

J'irai donc jusqu'à dire que nous ne pouvons entendre la souffrance d'autrui que si nous pouvons prêter une juste oreille à la nôtre.

Et pourtant, c'est dans la sollicitude du prochain à notre égard, comme dans la nôtre à son endroit, que se manifeste la présence de Dieu, que Dieu manifeste sa présence. «Ce que vous faites au plus petit d'entre les miens, c'est à moi que vous le faites.»

INDICATIONS BIBLIOGRAPHIQUES

CROTEAU, Jacques, «La souffrance a-t-elle un sens?», dans *L'Église Canadienne* (15 mai 1986) 555-559.

DUHAIME, Jean, «La souffrance dans les psaumes 3-41», dans *Sciences et Esprit* XLI/1 (1989) 33-48.

DURAND, Guy, «Le sens de la souffrance», dans *Nouveau Dialogue* 63 (janv. 1986) 22-31.

JEAN-PAUL II, *Le sens chrétien de la souffrance humaine*, Lettre apostolique «Salvifici doloris», Rome, 1984.

MALHERBE, Jean-François, *Pour une éthique de la médecine*, Paris, Larousse, 1987.

MALHERBE, Jean-François, *Souffrir Dieu: la prédication de Maître Eckhart*, Paris, Cerf, 1992.

MALHERBE, Jean-François, «Pain, Suffering and the Problem of Evil: Some Aporiae of Western Thought», dans *Pain and Society, Colloquium Europalia 89: Japan in Belgium*, Ed. by C. Mangan & E. Sayers, Commission of the European Communities, Bruxelles, 1992, 26-40.

MYRE, André, *Ô Miracle. Jésus et les malades*, Montréal, Éd. Paulines, 1990.

NADEAU, Jean-Guy, «Croix du Christ et souffrance humaine», dans *Jésus: Christ Universel*, (coll. Héritage et projet, 44), Montréal, Fides, 1990, 157-174.

NADEAU, Jean-Guy, «La croix», dans *Prêtre et pasteur* (mars 1991) 130-134.

NADEAU, Jean-Guy, «Dieu créateur ou Dieu intervenant», dans *Prêtre et Pasteur* 91/11 (déc. 1988) 642-651.

ORTEMANN, Claude, «Quelle parole chrétienne sur la souffrance», dans *Lumen Vitae* XXXVII, no 3 (1982) 295-308.

PELLETIER-BAILLARGEON, Hélène et BAILLARGEON, Jacques, «Le médecin devant la mort», dans *Le médecin du Québec* 12/4 (avril 77) 71-96; et 12/5 (mai 77) 104-119.

RICŒUR, Paul, *Le mal, un défi à la philosophie et à la théologie*, Genève, Labor et Fides, 1986.

RICŒUR, Paul, «Le scandale du mal», dans *Les Nouveaux cahiers* 85 (1986); repris dans *Esprit* 7/8 (1988).

THEVENOT, Xavier, *Souffrance, bonheur, éthique: conférences spirituelles*, Paris, Salvator, 1990, p. 7-60.

VARONE, François, *Ce Dieu censé aimer la souffrance*, Paris, Cerf, 1986.

VERSPIEREN, Patrick, «Les soignants face à la souffrance», dans *Laennec* 29/4 (avril 1981) 7-10.

VERSPIEREN, Patrick, «Les croyants face à la souffrance», dans *Laennec* 30/1 (oct. 1981) 1-4.

VERSPIEREN, Patrick, «La souffrance de celui qui meurt: réflexion éthique», dans *Laennec* 32/3 (printemps 1984) 19-22.

TABLE DES MATIÈRES

Déjà parus dans la collection
VIE, SANTÉ ET VALEURS

1. *L'euthanasie. Problème de société*
   Guy Durand et Viateur Boulanger (épuisé)

2. *J'irai boire à la lumière*
   Francine Couture-Lebel (épuisé)

3. *Le sida et les jeunes*
   Alain Gariépy et Isabelle Bertrand

4. *La réanimation cardio-respiratoire au Québec*
   Guy Durand et Jocelyne Saint-Arnaud

5. *Contribution à la réflexion bio-éthique, dialogue France-Québec*
   sous la direction de Guy Durand et Catherine Perrotin

6. *Sida et médicaments expérimentaux: des droits catastrophiques*
   John Dixon

Achevé d'imprimer
en novembre 1992 sur les presses
des Ateliers Graphiques Marc Veilleux Inc.
Cap-Saint-Ignace, Qué.